超思考

北野武

KITANO TAKESHI

李漢庭——譯

警語

本書中的極端意見與激進言論，皆為刻意安排之惡言，用意在於刺激讀者大腦皮質，提升邏輯思考力與倫理判斷力，並不一定代表北野武個人的思想與政治理念。如果讀者無法理解惡言背後之涵義，開不起玩笑，或者容易動怒，建議立刻停止閱讀本書。

目錄

＊內文中括號的文字，係為譯者加註說明，方便讀者了解作者文意。特此說明。

第一考

全日本國民思考停滯

第一次安倍晉三內閣時期，日本防衛廳改制為防衛省，就在二〇〇七年七月四日，當時最後一任防衛廳長官兼第一任防衛大臣久間章生先生，因為失言而主動請辭。造成他辭職的發言內容是「日本活該被丟原子彈」，這其實是他在某間大學發表長篇大論時其中簡短的一句話，只要完整聽過這篇演說，就知道他並非贊同美國投下原子彈。在野黨政客巧妙的批評：「久間先生的發言造成了國民誤會。」也證明了久間確實沒有那個意思。造成誤會的凶手是斷章取義的媒體，但沒有任何人跳出來指正這一點，各家民營電視台沒日沒夜地播放失言片段，最後逼得第一任防衛大臣請辭。這種被媒體誤會就天誅地滅的例子，難道還不夠驚悚嗎？

「我當時不是那個意思。」這種有跟沒有一樣的解釋，才是問題癥結所在，因為媒體才不管你當初是什麼意思。如果現在是殺了人，法院還會問你有沒有殺人動機，但媒體並不是法院，媒體的企圖就是把目標批鬥到爬不起來。因此如果你沒有以命相搏的決心，對上媒體一定會重傷，媒體要妥善去利用，挨打了就該思考怎麼利用媒體反擊。這就像一場攻防戰，久間這個人只是打輸了而已。

既然受到社會的熱烈批判？換個角度來看，也就是展現自我的機會，比方說，有人在街上打架鬧事，就會有群眾圍觀湊熱鬧看最後是誰打贏，只要能打贏這場仗，搞不好就由黑翻紅。如果是我就會說：「我還沒說夠，日本在當時的狀況底下可能不只長崎跟廣島被炸，連東京、大阪、京都，全國幾十個城市都活該被丟原子彈。」

媒體也經常罵我：「北野武又亂講話！」我也真是活該被罵，因為只要有人說我亂講話，我就會講得更加難聽。其實我不是什麼壞蛋，但是說了大家想都想不到的鬼話，那大家就只能一笑置之。大家一笑，我就贏了。

曾經有報社記者詢問吉田茂首相（第45、48-51任日本首相）：「為什麼你這麼有精神？」他當時的回答相當令人震撼：「因為我都吃人啊！」以前的政治家就是有膽子隨口這麼說，菜鳥記者根本啞口無言。話說回來，如果沒本事反駁記者的犀利問話，也沒資格在政治圈混下去。

目前政客都少了這種魄力，代表日本文化正在衰退，文化失去了火爆的活力，所以聽人家說了什麼不對勁的話，民眾就像捅了蜂窩一樣大驚小怪。現在的媒體與政客，都是些除了批評抱怨之外毫無本事的傢伙，那些只會震怒、淚眼汪汪、高喊：「不能原諒！」的傢伙，怎麼有資格當政治領袖？這些人吵嚷的事情對國家進步毫無幫助，而且對此絲毫不感到慚愧，可見這並不是政治問題，而是文化的問題。

日本人的心病　言靈信仰

日活羅曼（日活電影有限公司的前身）拍的色情片曾經紅極一時，當時有個搞笑橋段叫做「電影導演情境劇」，導演會在拍攝色情鏡頭的時候指導男演員：「好，這裡親嘴，然後脫衣服，搓奶，插進去，快點，再快點！」當男演員奮力扭腰，女演員也進入狀況的時候，導演突然對男演員說：「好，卡！換我上！」很蠢的橋段吧？

日本銀行總裁曾經被爆出有外幣存款而喧騰一時，我看了真是捧腹大笑，這就是日銀總裁搞電影導演情境劇啦。我又聯想到公安調查廳（調查激進份子的國安部門）的前長官買下了在日朝鮮人聯會（北韓在日本成立的激進組織）的總部大樓，證明現在社會上真的就是有這麼多蠢事。媒體喜歡挑這種事情出來批判，可是罵過一陣子就沒消沒息，如果哪個人在哪裡演講失言就可以鬧得天翻地覆，那上述這兩件事情不是應該造成國家動盪？其實也沒有。這兩種問題的輕重程度天差地別，但媒體的關注程度卻相同，豈不是莫名其妙？

言歸正傳，有人聽到「一時失言」就會暴跳如雷，說什麼「踐踏了被害人的心」，或許日本人的民族特色之一，就是心靈被踐踏、某人說了什麼壞話，這類事情的嚴重性遠大於實際問題。

再回到久間先生的事情上面，他當時只是提出杜魯門總統為什麼決定投下原子彈的歷史見解。杜魯門總統相信只要投下原子彈，不需要等到蘇聯參加太平洋戰役就能逼迫日本投降，那麼蘇聯也就無法插手戰爭結束後的日本佔領政策。他只是說學生應該記住這樣的史觀而已，甚至這個說法也不是他原創，而是好久以前就存在於美國的一派學說，從日本人嘴裡說出來竟然會引發眾怒，想想也真莫名其妙。

輿論譴責擔任防衛大臣的人不該這麼說，但老實說，就因為他是防衛大臣才更應該想清楚這件事情，更別說是去大學演講促進學生思考，不說這個還要說什麼？一定有人知道這是美國的史觀，那說出來有哪裡不好？不對唷！在承受原爆的國家裡說這些話是絕對不行的，原子彈不能獲得任何認同，連提都不能提、連想都不用想。

這麼一來，不就跟戰時的日本一模一樣？當時打死都不能講英文，所以打棒球不說strike而說「好的球」，反而是戰時的美國致力於研究日本，甚至有美國兵被迫看了多部小津安二郎（日本知名導演）導演的作品，結果成為小津的影迷。不知道有多少人說過，日本就是因為鴕鳥心態才會輸給美國，但現在還是一樣鴕鳥。美國做到了孫子兵法裡面說的「知己知彼，百戰不殆」，日本卻對此視而不見，所以才會敗給美國。這話我從小聽到耳朵長繭，結果日本現在又開始走老路。

有人認為當時日本政府禁止使用英文，是擔心民眾一旦得知美國的真相就會發現日本必敗，但我不這麼認為，我認為這是因為日本人的心病，稱為言靈信仰——相信說出口的，就會成真。但實際上，就算每天像唸經一樣高喊反對核武，也不可能消滅世界上任何一枚原子彈。

如果真心想削減核武，應該有很多事情可以做，但大家什麼也不做。

好好研究美國當初為何使用原子彈或許就是其中一項，但社會應該不會接受這種研究。

證據何在？比方說久間先生的發言大致屬於美國修正主義學說，目前已經遭到不少學者反駁，但事發之後完全沒看到這類冷靜評論，只會大罵：「日本閣員怎麼能不跟著唸經！」因為反核跟唸經一樣，內容根本不重要。

慶幸自己的不懂　然後乞丐就不見了

日本人唸經，真是一種奇蹟。

以前佛經從印度傳至中國的時候，翻譯還不夠完備，所以信徒不太懂釋迦牟尼佛的教誨，於是唐三藏跋山涉水前往天竺（印度）取經，並把什麼鬼梵文的原版佛經翻譯成中文。這些佛經後來輾轉傳到日本就一直沿用到現在，意思就是日本和尚並沒有把中文佛經翻譯成日文。

如果佛經是佛祖的教誨，那看不懂有什麼意義？可是日本卻很推崇這部自己看不懂的佛經，整個文化就是慶幸自己不懂，就是不能把道理講明白。人在日本真的有很多話不能說，比方說守靈夜向家屬致意，也是口齒不清地說上一串：「請節哀順變希哩呼嚕。」就算合乎禮數，千萬不能講白了說：「這人死掉了，真是遺憾。」

日本的文字獄跟外國差很多，像電影《座頭市》（盲劍俠）裡面有個詞叫做「瞎鬼」（どめくら）遭到批判，主演本片的勝新太郎說：「反正眼睛看不到的人不會看電影。」又遭到更強烈的批判，可是實際上很少人會因為聽到「瞎子」兩個字，就氣得大罵：「我家附近的路口怎麼沒有給盲人使用的交通號誌！」其實瞎子兩個字並沒有惡意，只是有人會用這兩個字去歧視別人，所以問題在於歧視者的心態，只檢討言詞本身未免太奇怪了。

也就是說日本人的個性比較喜歡「說好不提瞎子」，而不是積極打造一個適合盲人的無障礙社會。

日本人把乞丐稱為「雷鬼老頭」，其實這個說法是我發明的，因為日本電視節目不可以說乞丐兩個字，我乾脆就改稱雷鬼，但換個稱呼並不會讓乞丐過得比較舒服，而嚴禁提及乞丐兩個字的電視台本身，也應該沒有為乞丐們做過什麼事。我覺得這麼一限制，反而讓社會更加漠視乞丐。

傳統日本文化有個說法就是：「不識相，我不說你也該懂。」意即就算不說出口，應該也可以做些好事，也可以用心去感受、去思考，看到乞丐來了，就算再怎麼窮也應該可以分享一把米。

但是現在這種文化消失了，「不說」就等同於「不想」。

只要碰到任何麻煩事，就放棄思考。

核武問題基本上也是這樣。

一方面高喊要廢除核武，另一方面又冀望美國的核武保護傘，解釋不了這樣的矛盾乾脆就停止思考，不要提出任何意見，除了反對之外什麼都別說，只要不提就等於沒這回事，這真是謬論。

乞丐並沒有從社會上消失，只是大人們視若無睹，現在只有不懂大人規矩的小孩，在路上遇到乞丐才會盯著人家看了。

第二考

醫療是仁心還是買賣？

當年費迪爾・卡斯楚率領革命軍打倒了美國扶植的巴提斯塔傀儡政權，建立了一個叫做古巴的社會主義國家。古巴是島國，面積大概是日本本州的一半，大約有一千一百萬人民，人均GDP為九千五百美元，根本算不上富有，但古巴的醫療制度卻先進得嚇人。古巴醫院完全不收醫藥費，不僅國民不收，連外國觀光客也不收，甚至高科技醫療、心臟手術都不收錢。古巴國民每人可分配到的醫師數量是日本的三倍，而且法律規定每戶人家半徑一公里以內一定要有診所，因此所有人都能公平享受醫療的恩澤。日本人整天吵著醫師荒，健保制度崩潰，難道都傻了不成？為什麼貧困的古巴辦得到，富有大國日本辦不到？

如果從醫療層面來看，問題出在第二代。小孩無論男女，笨的就是笨，不會因為花個幾千萬日圓學費去唸醫學院就變聰明，這些笨小孩被迫學了醫當上醫生，就只會想著怎麼過好生活，蒙古醫生自然愈來愈多，我想所有日本人都開始了解這一點。

所以大家都拼了命地選好醫生，就連看個蛀牙都東奔西跑找好醫生，因為大家知道胡亂求醫一定會碰到蒙古醫生。醫生本身應該也很了解這一點，肯定有數不清的醫生每天晚上都煩惱不已，讓自己的笨小孩接棒當醫生究竟好不好？

我想說，何必煩惱？看清楚事情發展就好。如果想讓小孩當醫生，選老婆的時候就該想清楚了。這就像賽馬配種，去研究對象的祖宗十八代，看誰可以生出最棒的醫生就結婚吧。不過我們知道孟德爾的遺傳定律，不是每個小孩生下來都適合當醫生，那麼要讓後代接棒當醫生的最好方法，應該是叫老婆拼命生小孩，選出天份最棒的一個來當醫生。

可別說這種方法不人道，醫生講的是科學，而日本幹醫師的卻幾乎都是世襲，這才說不過去吧？政客倒是另當別論，畢竟蠢蛋也能當政客。

忽略這種不合理的狀況，拼命要讓自己的孩子當醫師，那至少在生孩子的時候考慮一下遺傳定律也好。想讓小孩當醫師，得有把小孩基因改造成優秀醫師的心理準備。

健保是完善的賺錢系統

有句老掉牙的成語叫做「仁心仁術」，其實我想日本江戶時代應該也有黑心醫師，賣假藥賺大錢，對貧苦病人視而不見，就算不提那麼黑心的例子，大多數醫師行醫應該還是把賺錢看得比仁義更重要。

仁心仁術其實是場面話，既然明知道是場面話還要說下去，代表行醫真的很賺錢。

對一個風中殘燭的病人說：「吃這個藥就會好。」那麼無論這藥多昂貴，病人的家屬都會拼命去籌錢。人命關天的買賣，要多黑心就有多黑心，這種醫生多了，社會就更黑暗，所以大家才要拼命高喊「仁心仁術」的場面話。

就因為有這句場面話，只要哪裡傳出醫生很賺錢的傳聞，大家就會唾棄這個醫生，以前的醫生知道被唾棄就賺不到錢，才裝裝樣子不跟窮病人收錢。

好吧，這麼說或許是過份了點。當然也有真正仁心仁術的醫生，比方說賺不到幾個錢卻犧牲了媽媽和老婆，然後為日本建立起麻醉技術基礎的醫生。我就沒聽過杉田玄白或華岡青洲（兩位都是江戶時代名醫，華岡成功執行史上首次全身麻醉乳癌手術）去吉原找花魁（江戶風化區的高級藝妓）遊樂，甚至我小時候也認識街坊有個兩袖清風但醫術很好的醫生。

但現在為什麼不需要裝模作樣了呢？我想應該是健保的關係。健保制度號稱是保護國民的健康，另一方面，也可以說是確保醫生收到醫療費的系統。

一旦健保制度成立，就好像國家保障醫院的收入，醫院收入自然穩定，日本人知道沒有比這更穩賺不賠的生意，所以把醫療轉換為投資，醫生們都要讓自己的小孩當醫生，反正笨蛋當了醫生都能賺錢，誰管小孩笨不笨，送去學醫就對了。我想大家就從這個時候開始不再感謝醫生，反正是做生意，不需要人家感謝還是可以賺到錢。

或許現代社會還是尊敬醫生，但究竟有多少醫生是因為工作內容本身受到尊敬？大多數醫生受到尊敬，應該是因為開賓士、住豪宅、口袋深的關係吧！

醫生怎麼會這麼賺錢？因為依賴著國家的健保制度賺錢，最近的醫療水準低落正好可以證明這一點，比方說小兒科跟婦產科鬧醫師荒，愈來愈多偏鄉沒有醫生，急救制度崩潰等等。這些問題的原因都一樣，靠健保賺不到錢，所以醫生就溜了。

從這點來看，最不怕缺錢的就是老人醫療，專治老人的醫院都可以輕鬆賺大錢。

就算醫療疏失把老人搞死了，只要說「壽終正寢」就能搞定。就算醫院沒病床，還是硬要照顧不來的人家把老人送進來繳錢，等老人死了說句：「很遺憾，老人家過世了。」就收工。家屬頂多只能說謝謝照顧，卻不可能勘驗屍體。醫院方面只要猛開藥，猛做電腦斷層、核磁共振什麼鬼的，猛向健保請款就皆大歡喜，這種賺到翻的生意誰不想做？

可是小兒科不能這樣搞，小朋友的藥量要減半，而且容易引起併發症，處方必須非常謹慎。再者小朋友的病情會突然惡化，醫生必須全天候待命，一旦出了事立刻會被爸媽罵到臭頭，就算沒有什麼醫療糾紛還是被迫要打官司，上新聞。就算二十四小時拚命幹活，公平的健保也不會有差別給付。

我想只有天將降大任於斯人也，才會想去當小兒科醫師，畢竟辛苦又賺不到錢的生意註定要蕭條。

減少醫師收入，納入國家公務員就好

日本少子化愈來愈嚴重，高齡醫療穩賺不賠，小兒科和婦產科的醫師則肯定愈來愈少。

老派的報紙諷刺漫畫可能這麼畫，醫生們圍繞著穿金戴銀、珠光寶氣的老人家，腳底下卻踩扁了小嬰兒。

可是這怪不得人，做賺錢的事情是人之常情。

目前日本的醫療並不講仁，只是一門普通行業，沒有人敢叫醫生不准賺錢，醫生說想賺錢也只能告訴他請自便。

那乾脆把國立大學醫學院的名額加到一百倍如何？唸醫學院免費，甚至可以強迫住校供吃住生活。

這個環境就是要讓有本事的人都能當上醫生。

目前在日本想當上醫生，不是天賦異稟就是家裡有錢，只要把這道窄門開放給所有日本人，醫生水準就會提升。要是嫌這樣栽培醫生太花錢，那就拿那些浪費掉的稅金來補吧！

醫生多了，單人的收入就可以降低，從國立大學醫學院畢業的醫生全都是國家公務員，然後大量開設國立的醫院診所來安置這些醫生。既然醫生是國家公務員，就可以按照每個人的特色與醫院需求來決定要去哪家醫院的哪一科。我不清楚現在日本有多少鄉村沒有診所，不過只要成立一個國營醫院體系就能全部搞定。

至於薪水，比普通公務員稍微多一點就好，這麼一來沒有人會為了高收入而搶著當醫生，而會有愈來愈多年輕人為了行醫、為了奉獻，為了更正當的理由而當醫生。

還可以考慮像職棒的自由球員制度，在國立醫院工作個十幾、二十年之後就成為自由醫師，可以前往私立醫院任職，也可以自立門戶，保障技術精湛的公務員可以開創事業第二春。

這個制度一成立，私立醫院要是沒有很優秀的醫師肯定活不下去。

當醫院數量暴增，競爭激烈，三流醫生就會被迅速淘汰，在病人評價與醫術評價的要求之下，只有好醫生才能生存。這可以解決醫師荒，又能提升醫師水準，還有更好的點子嗎？

這麼做的問題在於要消耗多少稅金，我隨便想想，其實也不用花多少，我不清楚現在全日本有多少醫師，總共有多少營業額，只要從裡面抽個幾成就得了。

我看抽個一半應該可以充分支撐這樣的醫療體系，畢竟所有國立醫院的醫師都是公務員，不會跑去蓋豪宅買遊艇，這些錢都可以花在教育和充實醫療設備上。

我想醫師協會也會舉雙手贊成，因為日本的醫療水準一定會進步。醫生們就算撕破嘴也不敢講醫療水準會因此降低，因為當醫生必須通過嚴格的國家考試，不管國立大學醫學院的名額增加多少，考試都不會變簡單。

既然目前鬧醫師荒，增加醫生有什麼好抱怨的？一定也沒人敢說醫師的生存權受到侵犯。

因為說生存權被侵犯的醫生，等於承認自己是吃病人過活，就算仁心仁術不存在了，日本醫師應該也還沒墮落到這個地步吧？

現在一直有醫療人球在轉院期間死亡，醫院又一直缺病床，那當然只好增加醫生數量，目前制度沒辦法增加，就只好將醫生變成國家公務員。

第三考

死刑的對錯，生死的價值

聯合國在二〇〇七年十二月十八日的大會上，投票通過要求所有會員國廢除死刑的議案，愈來愈多國家按照這個決議廢除死刑，或者停止執行死刑。根據世界人權組織調查，二〇〇九年，全球有三分之二以上的國家已經實質廢止死刑，當年度只有十八個國家執行過死刑，就連南韓跟俄羅斯都停止執行死刑，這代表目前先進國家中只有日本跟美國還有死刑，或許很多日本人會感到意外吧！其實近年來日本的死刑執行次數不減反增，受到國外批判，但日本國內倒是不痛不癢，輿論調查也顯示支持死刑的國民佔多數，日本究竟能不能反抗世界潮流，繼續維持死刑制度？

在討論贊成或反對死刑之前，應該先想想死刑的意義會隨著時代而改變，當宅間守（犯下「附屬池田小學」濫殺案，八人死亡，十五人受傷）這樣的人幹出了驚天動地的大案子，死刑的意義就變了。宅間高喊別審他，快點判他死刑就好，所以這件案子沒有上訴，一審死刑定讞。

他只是想找人殺了自己才會幹下那件濫殺案，死刑對這種人來說完全沒有嚇阻效果，甚至可能助長犯罪，因為自己不敢尋死，乾脆找人來殺死自己。

全球人權組織都高喊死刑是殘忍的刑罰，所以有死刑制度的國家也都盡量選擇比較不殘忍的死刑，聽說就連斷頭台，也是法國醫生為了減少死刑犯痛苦所發明出來的器具，它可以瞬間切斷脖子，讓人死得毫無痛苦。

可是現在連斷頭台也成了殘忍無比的刑具，往後死刑肯定會愈來愈安逸，這對想死的人來說簡直求之不得，搞不好在行刑之前還會感謝劊子手說：「歹勢，還讓你們幫這麼多忙。」

有人說死刑不僅可以防堵犯罪，還可以滿足被害人家屬的報復心態，不過如果我是被害人家屬，判一個想死的人死刑絕對不甘心。

現行日本法律的最高刑罰就是死刑，也是國家能判給罪犯的最重刑罰，沒有更重的刑罰，所以死刑可稱為極刑。但是你對自殺炸彈客說要判死刑，真是毫無意義。

死刑要成為極刑必須符合一個前提，那就是：「人類最害怕的就是死亡，死亡是人生中最恐怖的事件。」當全世界的人都這麼想，死亡才會成為極刑。

但是現在這個前提已經崩潰，我覺得愈來愈多人根本搞不清楚活著有沒有價值。

現在愈來愈多人自殺，並不只是因為經濟不景氣，都有人在網路上找人一起殉情，或者找人殺死自己，要把死刑當極刑真是天方夜譚。

有種修行叫做千日回峰（比叡山延曆寺的傳統修行），先窩在山中結界裡整整十二年，然後花七年巡行各山頭，距離之長可比環繞地球一圈，最後連續九天不吃不喝不睡，就只是朗誦真言。簡直腦袋有問題。

我這麼說可能會把延曆寺的和尚氣死，不過與其給死刑犯一個痛快，還不如選擇這種修行當做極刑，應該絕大多數死刑犯會死在半路上，要是真的完成了這項修行，或許這人會洗心革面吧。

連續二十年在鬼門關前修行，就算沒辦法悟道，至少也會激起求生意志，進而了解到自己犯下的罪孽有多重。如果被害人家屬還是不能饒過罪犯，那就讓他們去報仇吧。

沒錢的老人家應該送進看守所

不僅死刑的意義變了，看守所的意義也變了。日本四國有一座高齡專用看守所，幾乎已經成了老人安養院，說什麼罪犯也有人權，有重病要先治病，有慢性病要持續服藥，三餐還要看健康狀況與病況來計算熱量。再加上看守所要求適度運動與勞動，聽說有些早期糖尿病病患進去關過之後就痊癒了，真是摸蛤仔兼洗褲。

但也因為如此，聽說很多老人家刑期結束，出獄又去扒錢包吃霸王餐，打算被抓回去看守所關。

我想也是。先不提那些有家人照顧的老人家，如果一大把年紀了還去犯罪，回歸社會也很難找到工作，想必也拿不到老人年金。光看每天電視新聞報導孤苦老人，就知道他們的生活多沒保障，怎麼看都是進看守所可以活得更久。

現在反而是幹了壞事被抓去關的日本人，會受到比較好的照顧，當日本愈來愈少子化、高齡化，中央與地方政府的財務會愈來愈吃緊，所以未來高齡看守所裡面的罪犯，生活會比社會底層的老人家好很多。生活沒有保障的老人家，最後只能吃路邊的野草充飢，餓死街頭，而老年人的保險費會愈來愈高，沒有錢繳國家保險的老人家，看病領藥得全額自費。看來普通老人為了求穩定生活而犯罪的日子不遠了。

日本為了幫助貧苦爸媽所生的小孩，設置了棄嬰箱，怎麼不能做個「棄老箱」呢？我就跟東（前任宮崎縣知事東國原先生）說過，宮崎縣應該成立第一個棄老箱，他叫我不要亂開玩笑，但不知道什麼時候大家會真的笑不出來。

你可能會覺得莫名其妙，不過我要告訴你當今日本的無奈現實，那些沒錢又沒力氣當小偷的老人家就只能去當街友，大都會裡滿滿的街友卻被社會視若無睹。看守所裡的罪犯勉強還算是社會的一份子，所以要保護他們，但是被社會淘汰的人就像隱形人，管他們去死。政府官員或許會說：「沒有這種事，只是找不到妥善對策。」可是放任這種狀況惡化下去，當年輕人犯下重案，我們根本沒有立場告訴小孩生命的可貴，我們必須考慮社會上的每一條生命。

不教導死亡，所以不懂生命的意義

聽說有小學生或國中生問學校老師：「為什麼不能殺人？」大人們聽了這件事就怕得尖叫。我是沒有掌握整個過程，不過完整的問題應該是這樣：「我們可以殺豬殺牛，為什麼就是不能殺人？」

青春期小孩問這種問題，我覺得非常合理，應該說這個孩子開始懷疑人為什麼可以毫不在乎地殺害其他動物，真正有問題的，應該是被小孩問了就手忙腳亂的大人，他們的問題就是沒有深入探討生與死。

以前的人類很容易死，小孩生一大堆的原因之一就是死亡率很高，老一輩的人通常都有一、兩個夭折的兄弟姊妹。一發生飢荒，成千上百的人死去，昨天還活蹦亂跳的人，今天可能就因為盲腸炎或流感而死，當時死亡是家常便飯，每個人活著都有死的心理準備。每個人都知道人生苦短，所以不用任何人教，就清楚活著是多麼珍貴。

要先理解死亡才知道生命的可貴，但現代人沒有受到死亡的威脅，當然也就搞不懂活著的意義。

隨著醫學進步，現代人真的很難死，是說再怎麼難死還是會死，總之現代社會乾脆掩飾人會死這件事情，檯面上不要說就好。現代人彷彿相信人可以永生不死，久而久之就把死亡看成不自然的、禁忌的，絕對的壞事。

然後人們以為胡亂對小孩說什麼人命比地球更沉重，就可以教導小孩生命的可貴，結果小孩反而糊塗了。生和死密不可分，不教小孩死亡，小孩自然不懂生命的價值。

某位老師把乳牛與小牛帶來學校，讓小朋友看擠奶的過程，就是要告訴小朋友牛奶怎麼來。老師說了，牛跟人類一樣要生小孩才會有奶，想擠牛奶必須先懷小牛；如果生出來的是母牛，又可以繼續懷孕擠奶，生出來的是公牛就宰殺食用，當天帶去學校的是公牛，遲早有一天會被宰殺。

或許蠢爸媽聽了會生氣抗議，說內容太殘忍，小朋友會嚇到不敢喝牛奶，但是不教這種事情，現代的小孩怎麼能體會生命的珍貴？人類活著就是在奪取其他生物的生命，當然要了解到生存建立在殺戮之上，才會開始思考生與死的意義。讓小孩大口吃著炸雞漢堡，再告訴他生命很珍貴，他根本體會不到。小朋友一眼就可以看穿大人的偽善，他們比我們更了解現代社會把動物生命當商品來消耗，到底有多少大人會擔心這一點？

其實目前不理解生命價值的並非小孩，而是大人，為什麼社會上會出現靠犯罪求死的人？搞不好得想想或許是自己造成的問題，你有沒有想過

自己終究會死，死又是怎麼一回事？

第四考

那漢堡好吃嗎？

像樣的藝人愈來愈少了。像樣的落語家例如志生（志ん生）與文樂，像樣的歌手例如美空雲雀與千秋直美，有些藝人就是被尊崇為名人，其實現在也有這樣的藝人，只是社會不怎麼關注。年輕的藝人如雨後春筍般冒出來，卻也都曇花一現，現在已經不是累積歲月與功夫來分高下的年代了。結果現在社會上充斥著膚淺的速食表演，這不就證明了我們的文化正在衰退？不僅是演藝界，所有事物都逐漸成了膚淺的假貨，大家還爭相推崇，而正牌貨已經快混不下去了。

我家為了招待後進吃飯，買了外國製的超大型冰箱，這冰箱前不久故障了，我想說要買個新的來換，順便打電話給附近的電器行來收舊貨，沒想到電器行說只要換顆新的馬達又可以撐上好幾年。這部冰箱買來要幾十萬日圓，花兩萬換顆馬達又變成新的，我沒想到現在竟然有這樣的生意，也沒想到自己竟然沒想到這點。

仔細想想，我小時候覺得修東西是理所當然，連鍋子破了都可以補起來繼續用，傘骨斷了可以給師父接起來。

現在應該不少人看到菜刀鈍了，就直接買把新的，就連我看到冰箱不能用了也不會想要修理，而是直接想買新的。現在路上看不到什麼修電器的店鋪，是因為所有產品都轉型為用過即丟，還是因為用過即丟成了常識，修理師父才沒了工作？我想這不是雞生蛋或蛋生雞，而是同時發生的現象。現在丟垃圾要花錢，丟家電也要花錢，如果修一修還能用，這個市場應該不小，但我卻很少聽說修理師父又熱門起來的消息。

既然日本訂立家電回收法，規定丟家電要付費，那應該也有修理家電繼續使用的選項吧。可是中央政府和地方政府都沒有扶植修理事業，真的說不過去。

實際上並沒有發生修理潮流，也不可能發生，因為現代產業的前提就是用過即丟。無論是電腦、手機還是電鍋，都已經這麼普及的產品了，還是會不斷推陳出新，春天買了最新機種，到夏天就算過時，簡直比生鮮食品還鮮。最近社會高喊環保愛地球，廠商也不斷推出更環保的新產品，可是如果真的要環保，應該研發買一次可以用很久的產品，不過廠商絕對不會這麼做。至少目前日本製造商不會說我家的車可以開五十年，或者這個冰箱可以用三代，因為一旦商品經過修理就可以用上幾十年，生意就做不下去了。

如果汽車與電子產品可以像以前的鍋子一樣修了繼續用，幾乎所有日本製造商都得縮減規模，搞不好還要倒閉，會有很多人失業，稅收也驟減，日本就失去賺外匯的一大支柱，經濟搖搖欲墜。官員當然也知道這件事，所以只會高喊地球暖化、垃圾過量，卻不肯要求民眾愛惜物品。

媒體也是一樣，一邊報導什麼南太平洋小島要沉了，或是一年有四分之一會是酷暑來恐嚇民眾，又大罵為什麼經濟不景氣。其實如果經濟一直不景氣，排碳量就會減少，但媒體似乎覺得這是兩回事，也就是說節能減碳其實不重要，沒有人真心考慮地球的將來，節能與環保只是自我安慰罷了。

我不清楚地球暖化是不是真的，但我知道人不見棺材不掉淚，一定要站到鬼門關前面才會認真思考。我呢，反正也活不到那時候，就隨他們去吧。地球被搞爛了，死了幾億個人，關我屁事？那時候我都死了，難不成陰曹地府還會人滿為患？

我關注這個問題並不是因為遙遠的將來，而是現在，現在大量生產與大量消費成了顯學，包括電子產品在內幾乎所有東西都用過即丟，從食物到文化，一切都變得膚淺又三流，劣幣驅逐良幣，真正的好東西慢慢從社會上消失，而這個問題嚴重多了。

以假亂真，以真亂假

日本演藝界不知不覺成了家電製造商，不斷推出新產品，舊型產品用過即丟，因為舊型撐太久就沒辦法賣新型了。歌手也好，搞笑藝人也好，以前的藝人就是賣藝，但現在的藝人是賣特色，特色會膩會煩，但讓新人不需要花許多時間累積本事也可以竄紅，剛好適合用過即丟。年輕人根本不想磨練技藝，正好著了時下經紀公司的道，而我想年輕人應該也不會發現這一點。

藝人無藝，就只是個人，最近的藝人特別喜歡把普通人叫做外行人或素人，簡直就像在強調自己可不是外行人，這些人沒有傲人的技藝所以才虛張聲勢，簡直讓我哭笑不得。

日本有個詞叫做「玄人」，意思就是高人，其實是一種謙稱，我媽曾經說上電視耍猴戲實在很丟臉，當時那是普通人的看法，我反過來利用這種觀感去嘲笑觀眾，結果大受好評。這種搞笑要在大家瞧不起藝人的時候才能派上用場，但現代人才不這麼想。

現代人只要一上電視就覺得自己成了王公貴族，可笑的是連社會大眾也開始這麼想，我認為爸媽搶著讓小孩當藝人真是世風日下，但當事人認為自己成了王公貴族，哪裡還有得救？

電視機這玩意兒就像大量生產藝人的生產線，一台攝影機拍下來的影像，可以傳送給幾百萬台電視播放，觀眾人數輕輕鬆鬆就可以塞滿幾百個武道館（日本的知名表演場地），又不需要收取門票，所以沒有人會抱怨表演難看。任何人只要上電視就算出名，所以觀眾和表演者根本不要求技藝，只培養出詭異的傲慢，造就了大批沒有技藝的藝人。

藝人真是最下流的行業，就因為無比下流才要鍛鍊技藝，暗自嘲笑全世界，這才是藝人的驕傲。愈是號稱高手的人愈會要求自己的技藝，而世人也特別喜愛這樣的技藝。

聽說落語（說書）名人文樂先生無論講多長的故事，每次表演的時間長度都不會相差超過三秒鐘，他能爬到這個地位，只靠自己千錘百鍊的老故事，表演內容沒有什麼多樣性，又沒有即興演出，觀眾每次聽到的落語內容肯定都一樣，但是文樂的落語就是讓人百聽不厭。這位文樂先生只有在晚年即興演出過一次，他在高座（落語家說書的座位）上唸起出場角色的名字時，突然吃了螺絲，腦袋一片空白，於是對著觀眾低頭道歉。

「我會練好再來。」

說完他就離開舞台，再也沒有回到高座上，聽說他早就料到自己會有這一天，就連這最後一次的即興演出都經過排練，真不愧是文樂。

我又想起另一位昭和名人志生，他老是搞錯出場角色的名字，要是想不起來還會說：「反正那名字不重要。」毫不在乎地瞞混過去。他也曾經醉醺醺地上高座，還在高座上打瞌睡，觀眾看了志生打瞌睡並不生氣，反而認為難得一見，有人要去叫醒他還被阻止，說讓他繼續睡就好。他晚年曾經在走廊上便溺，硬要徒弟去清理，徒弟不開心地抱怨，他還罵說：「不喜歡這種活，當不了好百姓！」為什麼徒弟要當百姓？我每次聽了都會笑，因為志生本身就是落語，就是把技藝穿在身上逛大街的人。

志生和文樂都受到觀眾喜愛，觀眾當然喜歡他們的特質，但為什麼喜愛？是因為他們的技藝堪稱一流。志生的落語令人瞠目結舌，文樂的落語則是巧奪天工，兩人的類型完全相反，但都一樣價值連城，他們有這樣的技藝才會受人喜愛。如果沒有技藝，他們只是普通的老酒鬼，像文樂一輩子結過五次婚，享了幾十年的齊人之福，在這個時代肯定會被八卦媒體打成蜂窩，可是當時沒有任何觀眾嫌棄這件事。

一回神，我發現當今已經沒有這種藝人，就算有，在當今日本也活不下去。我想當今社會不會再出現像美空雲雀、千秋直美這種歌手，也不會有那麼高水準的音樂家和畫家。

之前我去聽了年輕人的落語，爛到我無言以對，可是更無言的是竟然有人盛讚那樣的落語。看來不只藝人沉淪，評論家還更加沉淪，我看他們應該沒有聽過志生或文樂的落語……不對，他們都會稱讚那樣的落語了，就算聽了志生的落語應該也不知道好在哪，搞不好還會說：「這哪算落語！」就好像愛吃速食漢堡的小朋友吃到一頓像樣的飯菜，反而吐出來說難吃一樣。

並非所有人都是卡爾・布賽（Carl Hermann Busse 1872 -1918，德國

詩人，著有一詩〈Über den Bergen〉訴說幸福，在日本改編為歌曲〈山のあなた〉），但確實曾經有個年代，大家都相信幸福就在山的那一頭。現代日本人則相信幸福就是買到最新電子產品、最流行名牌服飾，然後不斷買新貨、捨棄舊貨，當這種習慣根深蒂固，就無法自己判斷東西的好壞。

在擔心地球暖化破壞環境之前，應該先認真想想這件事：這麼低水準的文化，有沒有必要在地球上苟延殘喘？

第五考

如何撐過黯淡無光的老年生活？

每個人都會老，這是生命無法逃避的現實，當今醫學水準提升，日本人的平均壽命超過八十歲，另一方面也代表我們得渡過更漫長的老年生活。現代人的命運，就是要當上二、三十年的老人，但看看國會卻為了年金問題、高齡醫療問題吵得不可開交，可見老人一定會被當成社會的包袱。老人的未來將是一片黯淡，而第五考的主題就是思考怎麼撐過黯淡無光的老年生活，還有該怎麼面對「老」這件事。

記憶力衰退，方向感失靈，走路東碰西撞；沒辦法像以前一樣打棒球；運動神經差了，智慧衰退了，所有反射神經都慢了，爆發力也弱了。有人說老了並非都是壞事，反而會比年輕的時候更有耐心，但仔細想想，或許只是因為老了，反應變遲鈍才更有耐心，甚至不是更有耐心，而是連生氣都懶。

總之我深深體會到自己老了，這個事實讓我有點煩躁，但我並不認為自己會去抗拒衰老，因為抗老真的沒好事。

與其浪費資源去抗老，不如積極認老，把劣勢全推到年紀頭上，事情做壞了，就雙手一攤說自己老了。也可以努力去把嫩妹，嫩妹生氣了就裝老人痴呆。我打死都不會說自己還不輸年輕人，就因為肯定會輸給年輕人，所以不會硬去挑戰，吵架要贏的訣竅就是挑軟柿子吃。

我要說的是別謊報自己的年紀，凍齡之類的屁話就像光頭戴假髮，就是覺得自己的年紀很丟臉，既然頭髮稀疏了就別想著植髮，直接剃光頭更好。人最糟糕的就是捨不得，年紀大了又怎樣？大就大啊。我們要追求的並非凍齡，而是增齡，就像威士忌那樣愈陳愈香。說起來有點不切實際，但我真的認為人應該思考怎麼老得漂亮。

話說回來，人生並不像一年四季那樣分明，四十歲的相撲選手就算老，但五十歲的政客還會被稱為菜鳥，很難確切區分幾歲算是老人，我們必須自己決定自己老了沒有。

固執會令人失去判斷力

但是一般人很難看得清楚，因為我們都習慣執著於當下的自己。

這點我倒是自覺超強。

這點是哪點？就是狀況判斷力，這應該是我最強大的能力。

從我年輕時候講漫才（相聲）開始，一發現自己的本領變差了就立刻罷手，完全不想繼續努力搞漫才。

漫才就像運動，反射神經一鈍下來就玩不動，其實五、六十歲的人還是可以說漫才，但絕對贏不過年輕人。我不想堅持當個輸給別人的漫才家，所以很乾脆地放棄漫才，就因為我判斷狀況很迅速，轉換跑道也就輕鬆許多。我的人生就像搭電車，搭到終點下車，可不想花時間等下一班快車，而是在快車上就已經開始想該在哪一站換車，哪個站已經有特快車等著，那麼一下月台馬上就能跳上該搭的特快車。

所以從我開始說漫才之後，永遠都最喜歡當下的自己，從來沒想過當年的生活真好，當下永遠是我人生的最高峰，所以老了也沒什麼好煩惱。看來我對事物並沒有特別固執，如果我執著於漫才，當時可能不會放棄，肯定也不會有現在的我。

我也一樣不執著於拍電影的工作，當然拍電影是因為有趣，但心中總會有個冷靜的角落，當我拍著電影，感覺頭頂上總有另外一個我在看著我，所以我沒辦法全心去享受任何一件事情。真的，無論是做愛或酒精，我從來沒有全心享受過，或許有一瞬間覺得很爽，可是下一秒就冷掉了。

這麼說可不是在裝酷，比方說我前陣子碰到一個開法拉利的傢伙，開得滿面春風，我罵他北七，可是心裡其實很羨慕，因為他看起來很享受。好久以前我買了人生第一輛保時捷，結果叫別人幫我開，我站在旁邊看。為什麼？賺大錢買了夢寐以求的保時捷是很不錯，但是自己開車就覺得很空洞，因為坐上駕駛座就看不到這輛保時捷，不好玩，這代表我沒有辦法好好享受保時捷才會幹出這種事。

其實這已經有點病態，比方說看到人家吃吃喝喝超開心，我也會很羨慕，我知道這東西好吃，可是吃起來一定沒有那個人好吃。就算我真的很想全心沉醉於某件事情，總還是有另外一個我來潑冷水，這並不讓我開心，也沒什麼好驕傲的。

我很清楚自己為什麼會變成這樣，因為小時候的心靈創傷。

我媽非常討厭吵鬧的人，光是找朋友回家裡玩都會讓她不開心，而且要是吃飯的時候說東西好吃或不好吃，一定會被她罵得很慘，說不好吃當然會被罵，但是說好吃一樣會被罵。我小時候小朋友們最喜歡的就是咖哩，而我只要看到咖哩就高興得大呼小叫，我媽就會罵我沒教養。

她認為去評斷食物好不好吃就是一種下流，食物是透過殺生而來，怎麼可以為了好吃而歡天喜地？她老是說有得吃就該感恩，而且不僅如此，對萬事萬物都不喜歡表達情緒，看我拿到壓歲錢高興都要罵，才會養出我這樣的人。

有人說我媽的教育就像日本武家（武士家族），她並沒有嚴謹到「至死方知武士道」的地步，但是不斷告訴我隨時要有慷慨赴死的心理準備，這或許是個很好的教育理念。

不過我覺得那只是因為家裡很窮，當時如果一餐吃了咖哩樂不可支，隔天吃不到就加倍失落，人生有喜就有悲，開心的時候不放縱，難過的時候就比較輕鬆，這是苦日子所培養出來的智慧。我想現在很多小朋友不能體會什麼叫做苦日子，每個人都豐衣足食，為所欲為，我媽的教育方針在這個年代也就落伍了。

直到最後一口氣，都是當下的我最棒

不管是不是落伍，我已經甩不掉這個心態，像最近流行要多多表達情緒，難過的時候就該哭，這種說法我真的受不了。看著高中棒球男兒在甲子園打輸球，哭著挖土回去做紀念，忍不住要想以前的男生才不會這樣就哭。

大家在電視上看到痛苦的罕病兒童或者悲慘的獨居老人，難道哭一哭，捐出自己撲滿裡的零錢就好？我覺得很膚淺，甚至很虛偽。

生活的苦痛現在成了電視上的實境秀，這麼說或許有點難聽，但畢竟我們是隔著電視螢幕去看，就算隔著電視看看別人人生的苦痛，也不會影響自己的生活。現代父母認為有得吃有得玩，享樂就是好人生，也這麼教導自己的小孩，說人生就是要追求夢想，想做什麼就盡量去做。

目前看來這種教育方法讓大家都過得不錯，也就還好，畢竟社會富足多了，窮人的教育理念已經派不上用場，但無論社會再怎麼富足，有些事情還是辦不到。

因為人終究會老。

人老了要是手腳靈活也還好，人生七十才開始，多培養其他興趣也好。

但是當自己沒辦法照顧自己，人就會慌了手腳，發現原本在電視那一頭的人生苦痛突然跑到身上來了。

人們從小就學到生活要為所欲為，那要小孩來顧老人的時候，怎麼能怪小孩拒絕？如果自己或小孩手上有錢，就像以前看電視那樣花錢解決就好，在五星級飯店水準的安養院裡等死就好。

不過實際上大多數人沒有這個選項，所以社會才會為了老人照護跟老人年金吵得沸沸揚揚。

我說現在的老人問題，其實是想用錢解決老人照護的問題，以前並沒有什麼老人年金或看護制度，社會又比現在貧困很多，但老人問題根本不成問題。在那個貧困的年代裡，都是一個大家庭互相扶持過生活，年輕人照顧老人家是理所當然。人生是博大精深的，甚至連「楢山節考」（日本小說，作者深澤七郎，其中描述深山村落的習俗，把老母親背上山放著等死）的情節都是人生的一環。人就是要感受到痛苦才會真心幫助他人，當時的社會不是灑狗血騙眼淚的肥皂劇，而是不折不扣的真實人生，每個人活著都有赴死的準備，也都明白人生就是充滿痛苦。現代的高齡人口問題，本質就在於年輕人根本沒有苦與死的體會，只知道人生要快樂享福，逃避會老會死的事實，當然總有一天要付出代價。

我認為這輩子直到最後一口氣，都是當下的自己最棒，而且最後一口氣吞下去了還有個最大的樂趣等著，那就是死後的世界，到底有沒有靈魂？有沒有神明？那時候我將能夠解決人生最大的疑問。搞不好最後只是肉體與心靈崩解成分子，回歸虛無，這樣算不上任何答案，但至少我在死前都能活得很開心。

我想自己能有這種心態，還是要感謝老媽。

第六考

尋夢的笨蛋，賣夢的笨蛋

北野武說了：「漫才跟電影都不是我真心想做的工作，也幸好我不想做，因為自己不喜歡的職業，做起來會比較順遂。」聽起來有點難以置信，但好像不是騙人的。現代年輕人忙著探索自我，簡直就像尋找白馬王子的灰姑娘，究竟有沒有本事看清楚這樣的想法？

荻本欽一先生靠著搞笑名利雙收，在他闖出名號之前，日本搞笑藝人不可能擔任節目主持人，更不可能取笑節目上的歌手和演員，因為搞笑藝人原本是演藝圈的最下層，歌手和演員則是高不可攀。

荻本先生並沒有掀起革命，不過確實翻轉了這種階級關係，這當然是因為他的搞笑搭檔「短劇55號」（コント55号）獲得全國人民喜愛，不僅提升了自己的地位，也大大提升了收入，於是搞笑藝人不再只是電視節目的配角，成了電視上的大明星。

我們這個漫才風時代的藝人等於是搭了他的順風車，當時正好碰到泡沫經濟，贊助商出手大方，我們的酬勞也扶搖直上。當時還有個笑話，島田洋七（漫才師）曾經把演出酬勞裝在百貨公司還是哪裡的購物紙袋裡帶回家，結果老婆以為那是粉絲來信，直接收進壁櫥裡面，這可是真人真事。

當時搞笑藝人的酬勞可說是空前絕後的高，我們這一輩可以說是趕上了最棒的搞笑年代。

我覺得現在的年輕人很可憐，現在多少算是有搞笑的風潮，但不可能拿到像當時一樣的酬勞，因為這些年輕人還沒有磨練出什麼技藝，只是些普通人，靠著「一發藝」（曇花一現的橋段，例如Hold住姊）爆紅個一年半載，然後消失無蹤。最近幾年一直都是這個模式，經紀公司也喜歡這個模式，反正年輕人只要能上電視就很開心，也不必付他們多少錢。年輕人就像風箏，前往各家電視台被人拉著耍，不眠不休地工作，過個一年半載覺得自己也該拿到像樣的酬勞了，卻發現自己已經過氣，經紀公司則是照樣賺大錢，安排下一批年輕人上場。

低酬勞的藝人也可以做大生意，哪有這麼好賺的？以前還會叫年輕人多磨練技藝，不過現在經紀公司應該都暗自希望年輕人別磨練什麼技藝，否則之後難處理。

電視台可以靠低酬勞的年輕人賺收視率，當然不會有意見，難怪愈來愈多節目不是在搞笑，而是搞得很可笑。管它好笑還是可笑，有收視率就好了。

或許現在就是這樣的年代，可是這看來只對電視台、經紀公司那些操弄藝人的老傢伙有利，其中一定有企圖。

最近甚至有人乾脆不給錢，還收錢讓年輕人當藝人，只要年輕人巴望著上電視，這門生意就能做下去，實在很會想。看來藝人真的贏不了生意人。

其實這不是演藝圈的風潮，而是社會的趨勢，就好像開個什麼班說人人能學畫，讓外行人拿筆學著畫不倒翁或是馬鈴薯，著眼點還真是有志一同。這種生意究竟賣的是什麼？不是畫圖的技術，而是「當上藝術家」的感覺，就算畫了一條醜魚，裱個框還真的有像藝術品，但這跟真正的藝術品可差遠了。

這就好像糟糕的模仿藝人不去模仿本尊，而是模仿其他的模仿藝人，講白了就是在模仿藝術。當事人根本不會發現，或者說不想發現自己只是在浪費畫材，所以也不會認真去欣賞真跡，因為一旦認真欣賞就會發現自己畫得又爛又假，發現自己根本沒有一點天份可言。

於是這些人決定世界上根本沒有藝術，把自己畫的爛畫拿去開展，當自己是個藝術家，結果社會上充斥著假貨。

事實是殘酷的，並不是每個人都有天份，如果每個人都有那還算什麼天份？可是當今社會認為每個人都有天份，還有人會說：「別埋沒了你珍貴的天份，讓我來幫你探索這份珍寶。」這就是老掉牙的金光黨手法啊！

賣夢想的生意不會消失

自由國度美國曾經有過一股淘金熱（Gold Rush），當時傳說某人在美國西部某處的河裡發現大量金沙，一夕致富，結果全美國的淘金客蜂擁而至，瞬間把貧瘠的荒野變成鬧區，可見熱潮有多強。當然最後不是所有人都成了大富翁，就算真的有黃金，這麼多人去分也分不了多少。其實當黃金傳說傳到自己鎮上的時候，就該知道為時已晚，因為傳出來的時候代表黃金都被淘光了。我想淘金熱之中最賺錢的人，就是看準大批貪心鬼會來追求黃金夢，在當地打造城鎮的人，賣補給品和淘金的工具絕對比淘金更好賺，肯定還有人賣什麼「黃金地圖」。聰明人應該吐槽說：「你知道這裡有黃金，怎麼不去挖？」但總有大把的傻子會被騙，就像賣賽馬明牌可以賺錢一樣。賣夢想的生意永遠不會消失，因為是賣夢想，不是賣錢，就算賠了錢也不能抱怨。

為什麼當時會發生淘金熱？因為美國是自由國度，大家有選擇職業的自由，所以聽到有金可淘就變賣家產去淘金。

日本一直都有什麼寶藏傳說，不過封建時代之前的日本人被土地與職業限制住，這些故事也就只是故事，無論浦島太郎的龍宮城還是桃太郎的鬼島，都只是老奶奶的老故事。

一旦進入可以自由闖蕩的年代，當然有人會想去尋這些寶，而聰明人就想到要賣這種夢想賺錢。

現在這個時代也一樣，雖然金沙這個主題已經沒人相信，但商人卻想出了更厲害的寶藏，就是「沉睡的天份」、「真正想做的工作」、「有成就感的工作」這些東西，最好把它們看成淘金熱一般的幻覺。

沒有成就感才是好機會

人根本沒有什麼沉睡的天份，只分「有天份」跟「沒天份」；而如果你得去考慮自己究竟想做什麼工作，就代表你根本沒有想做的工作。

你想找的並不是真正想做的工作，而是錢多事少離家近的工作，實際上哪有這種東西？

現代社會就是明明沒有這種工作卻說得活靈活現，搞得尼特族（NEET，沒工作也沒唸書的年輕人）愈來愈多，然後壓榨年輕人當廉價勞工，可見不是只有搞笑藝人被用過即丟。

在那個社會貧苦得連飯都不一定有得吃的年代裡，如果小孩子說自己想做能一展長才的工作，一定會被爸媽敲腦袋瓜大罵：「別做白日夢，快唸書！」、「不要亂講話，快找工作！」以前的爸媽知道吃苦就是吃補，現在的爸媽則不想讓孩子吃苦。

不過有件事情不會變，如果不吃苦，就看不見工作的成就感。一份工作真正的樂趣和成就感，得要苦過好多年才能體會出來，如果一開始就做得很輕鬆，哪裡會有趣？以前做一份工得先拜師當學徒，在打罵中學功夫，受到不平等待遇，也拿不到什麼像樣的薪水，但是大家無處可去只好拼命賴著不走。就因為有這些痛苦與不甘，當工作做得漂亮了才會更開心，這就是工作的成就感。

用錢絕對買不到工作的成就感，說白點，想找一份適合自己的工作就已經是個大誤會，根本沒有什麼適合自己的工作，如果嬰兒在肚子裡就想「我要生在一個適合自己的世界」，那根本不會想出生。找工作也是一樣，別想著要工作迎合自己，而是要自己去迎合工作。

大多數人都是挑選自己不太喜歡的職業反而比較好上手，如果想過得幸福美滿，最好把自己喜歡的事情當作興趣。就好像喜歡棒球的人別當職棒選手，打業餘棒球會更開心。

電影導演黑澤明就有個出名的傳奇，他原本想當的不是導演，而是畫家。真正會成功的人大多是這個樣，或許有些導演真的從小就立志當導演，但我不覺得他們拍的電影有多好看，可能是因為太喜歡電影，反而沒辦法客觀地看電影。

人對不太喜歡的東西反而會看得透澈，再說無論哪個行業都有盲點，所以稍微保持距離的旁觀者，會比全心投入的當局者更容易發現盲點。

找工作的時候千萬別考慮自己喜歡做什麼，也別煩惱做起來有沒有成就感。

如果你覺得現在這份工作沒有成就感，那不是壞事，而是良機，正好可以冷靜審視自己的工作；無論什麼工作，經過冷靜審視都會變得比目前更有趣。

第七考

藝術就是毒品

北野武電影作品《阿基里斯與龜》受邀參加二〇〇八年威尼斯國際影展，電影主角是個畫家，有趣的是電影裡出現了大約上百幅畫作，全都出自北野武本人之手。觀眾看了就會發現，北野武其實也是個了不起的畫家，只是他的畫從來沒有拿出去賣，本人也堅稱自己是外行人……總之第七考的主題是藝術，不過這個人對藝術的看法相當獨特就是了。

現在這個社會把藝術看得非常崇高，隨便找來幾個小有名氣的畫家展出畫作，任何美術館都會大排長龍、門庭若市，而且還有爸媽帶著小朋友來，說要培養小朋友的情操。

唉，世界末日囉。

我小時候只要畫圖就會被老媽揍，我媽說畫圖的都是壞孩子，而且連小說也不能看，因為看小說會變成共產主義者。我奶奶是個藝人，害媽媽吃了不少苦，也難怪她對藝能與文化的東西會這麼反感，其實以前的老百姓大概都是這樣，認為畫圖玩音樂是有錢大地主的小孩才能碰的娛樂，而且當時會搞這種娛樂的人都是浪子，小老百姓的小孩一旦搞這些東西就會傾家蕩產。

那麼小老百姓的小孩該做什麼呢？以前的正確答案應該是繼承家業當

小老百姓或工匠，不過大戰結束後的東京下城可沒這麼快活，像我媽腦袋裡只有靠著工業成長的近代日本史，硬是要我去讀大學工學院當工程師，沒得頂嘴。去唸文組大學肯定沒出息，還會學到共產主義，要是搞了學運更是完蛋（日本於六〇至七〇年代發生過共產學運潮）。

經常有人問我是不是為了反抗媽媽的高壓才去當藝人，但我從來不覺得自己有反抗過她，我不清楚我媽的感化有沒有發生作用，只知道我打從內心瞧不起畫畫的人，而且從來不認為藝術有什麼了不起。

一九九九年，我獲頒法國的榮譽軍團國家勳章（L'ordre national de la légion d' honneur，也稱為藝術文化勳章，拿破崙時代所制定的榮譽獎章），說是要表揚我當電影導演的貢獻，史蒂芬史匹柏還晚了我幾年才拿到這個勳章。如果我說：「北野武比史蒂芬史匹柏更早被法國人認定為是個偉大的導演。」那一定會變成八卦新聞的頭條，不過我知道其中原因，因為歐洲的知識份子討厭好萊塢電影，而我的電影剛好是好萊塢商業電影的對照組，結果就被認定為「藝術作品」。但是話說回來了，我電影拍歸拍，並沒有打算拍出什麼藝術作品，說我拍的電影是藝術，我也不太開心。

是不是藝術，取決於理解它的人數

我認為「藝術」的定義就是一般人看不懂，或許我得解釋一下，畢竟我也不是故意拍人家看不懂的電影。

不過我現在拍電影，確實不把電影所謂的規矩當一回事，不會去想看電影的觀眾怎麼理解電影內容，自己想怎麼拍就怎麼拍，就拍出了完全不討觀眾喜歡的電影。

結果我的電影在日本國內負評如潮，《小奏鳴曲》更是上映一個禮拜就被腰斬下片，當時我真的有點消沉，想說如果大眾這麼不能理解我，那我乾脆別再拍電影了。沒想到過一陣子有人告訴我，英國廣電公司ＢＢＣ把《小奏鳴曲》選為「二十一世紀百大精選電影」。

我剛開始根本覺得莫名其妙，也沒想過外國人的評價，仔細一問才知道歐美的影評家從我第一部電影《凶暴的男人》就開始注意我，後來我的電影也一直受邀參加外國影展。

雖然這麼多影展邀請我，我卻沒有參加過任何一場，還聽發行公司的人說過：「參加國外影展沒什麼好處。」比方說我第二部電影《3-4 10月》就獲得都靈國際影展特別獎，我也沒去領獎。

說到那部上映一週就下片的《小奏鳴曲》，是參加了坎城影展的某個「一種注目」獎項，說參加好像是我本人要求參加，其實是翻譯錯誤，是影展主辦單位主動挑選作品邀請參加，我當然很樂意用影片參展，但還是沒有親自過去。直到某次才去參加了倫敦影展，那是因為碰巧行程有空，想說去英國可以打個小白球，才厚著臉皮去參展。

沒想到去了倫敦影展有個重大發現，歐美影展流傳有個神祕的東洋導演，受邀參展甚至得了獎都從來不現身，這次我一去就受到熱烈歡迎。我的電影在日本那麼不被理解，這裡竟然有這麼多人喜歡我的電影，確實是又驚又喜。

後來只要影展有邀請，我都會盡量出席，無論自己多麼喜歡拍片，還是要有知己看片才有拍下去的動力。最近歐洲還有我的粉絲俱樂部，熱情影迷特地從歐洲飛來找我，讓我覺得不偶爾過去一下真的不好意思。

但是話又說回來了，這並不代表《小奏鳴曲》在歐洲的票房成績會跟《神鬼奇航》一樣好，我的歐洲電影粉絲確實比日本粉絲多很多，但終究不是多數，並不是所有歐洲人都懂我的電影。只是歐洲有很多像樣的影評，他們會正確理解這些不好懂的電影並做出評價，而我的電影就拿到不錯的評價，真有點不好意思。

於是我的電影好像就成了「藝術作品」，但如果你問這些歐洲影評，娛樂作品跟藝術作品有什麼分別？他們應該也答不出來。或許像《星際大戰》那樣還沒上映就有人在電影院前面排隊，就算是娛樂作品吧。我的電影不是大眾走向，只有懂的人才看得懂，也因此被歸類為藝術，所以我認為一樣東西算不算藝術，取決於有多少人懂它。

歐洲記者說我的電影是藝術，有日本文化的味道，我都會這麼回答：「我的電影在日本幾乎沒人喜歡看，所以我的電影不算日本文化，而是日本文化潰爛之後流出來的膿。」

藝術完全沒用處

人家說藝術是人類的文化遺產有的沒的，但我說藝術不是寶，只是膿，當文明長了個膿包，擠出來的黏黏液體就是藝術。

藝術是種沒出息的東西。

我真的不知道為什麼人們認為藝術很高雅、很珍貴，但別誤會，我只說藝術沒出息，但沒說藝術很無聊。我認為藝術對藝術家來說，就像毒品一樣。

從來沒有一個藝術家的創作理由是為了全人類的幸福，或者為了後代子孫，如果有，這個人創作的肯定不是藝術。世界上就屬藝術家的作品最自私自利，藝術家永遠只為了自己而創作，或許也有人是為了客人而創作，但那已經不是藝術家，而是工匠的工作了。

我也不是要討論哪種人比較偉大。

寫到這裡，我突然注意到商業電影和藝術電影之間的分別，商業電影是為了觀眾而拍，藝術電影是為了自己而拍，藝術導演只會追求自己喜歡的世界，難怪大多數觀眾無法理解。想要滿足自我，只好拍部讓自己驚奇的電影，甚至拍出連自己都不了解的電影，觀眾又怎麼可能會了解？有人會罵為什麼拍這種鬼東西？沒道理，只是想拍而已。

所以我才說是毒品。

藝術對人的生存毫無幫助，我甚至覺得藝術是一種逆天的行為，在連飯都吃不飽的年代裡沒有人會想到藝術，搞這種吃不了飯的東西就活不下去，所以我媽非常討厭藝術家，這就生物學來說算是正確觀點。

現在大家搶著搞藝術，代表社會富足，大家有錢有閒，但強迫小孩接受這種風潮就太瘋狂了。

我要重申一次，藝術就是毒品，人一旦嚐過毒品的滋味便死也不肯放手，就像那些吸鴉片吸到死的人，才不會管別人多麼痛苦，自己爽就好。

我在二〇〇八年推出的電影《阿基里斯與龜》就是在講這件事。主角是個藝術家，有著想要創作的衝動以及想要大賣的野心，在兩者之間搖擺不定，完全就是吸了藝術毒的人。

我並不否定這種人。

有藝術天份的人難免會中毒，至少當事人會覺得這樣過活很幸福。

我真正看不過去的是愈來愈多爸媽明明知道自己小孩沒天份，還硬要逼小孩進這個圈子，為什麼要逼孩子做夢？如果小孩說想畫圖，應該往腦袋瓜巴下去。你說這樣可能會摧毀了藝術的幼苗？別擔心，如果小孩真的有天份，不管爸媽說什麼都會發芽茁壯。

至於孩子的天份開花結果，成了真正的藝術家，幸不幸福？那又另當別論了。

第八考

真有理想國？

「政治不信」（不相信政治）一詞在日本已經流行了幾十年，彷彿有人用瞬間膠把「政治」跟「不信」牢牢地黏在一起，有人認為民眾不相信政治，是因為沒有妥善行使選舉權，但真的是這樣嗎？北野武說了，不管多麼認真投票，政治都不會變好。這段話非常危險，請詳讀本書開頭的警語，自行認真思考再繼續往下看。

日本的政治家彼此尊稱「先生」（類似老師，大德），我真想勸他們別那麼不要臉，究竟是誰開始這種說法的？管他是誰，但為什麼第一個被稱呼先生的政客沒有拒絕？現在好像沒有政客會提出這點，而且無論執政黨或在野黨，所有政黨的政客都互相尊稱先生。參選的時候到處磕頭拜票，一旦當選立刻昂首闊步成了先生，這是哪門子的厚臉皮？日本俗話說乞丐跟政客一樣，只要幹三天就會上癮，看那些政客拼命送自己的兒女參政，可見這門生意肯定好賺。

人為什麼想當政客？只有一個目的，就是「當政客」，他們認為一旦不參政，人生就會完蛋，所以不擇手段也要當選。這麼不要臉實在讓我錯愕，那不管選舉多少次，國家也不會變好，只是給國民一個半吊子的選舉權，讓大家誤以為自己是國家的老闆罷了。

不管社會怎麼吵著要政黨輪替，我都不抱任何期望，票我還是會去投，我從來沒有缺席過任何一次投票，並不是因為投票是國民的義務，只是覺得政黨輪替應該會很好玩。我希望讓民主黨執政，然後證明不管換誰上台，國家都不會變，說什麼不會再有空降高官？保證騙人，說騙人太嚴重？那我改說不可能。無論是稅金問題、健保問題、出兵海外問題，給民主黨執政了就能解決？我覺得不會，日本什麼也不會變。無論誰執政，問題還是一樣存在，而且還是一樣惡化，我投票只是想確認這件事情，想確認「果然還是沒救」。這種想法確實非常不負責，但選舉就是這麼沒搞頭，怎麼能怪我？

說正經的，實際上不可能有個政府符合全人民的期望。人們說理想社會就是「自由與平等」，但自由與平等本來就不能共存，如果大家都自由，一定會有好壞差距，自由社會的重點就是階級社會。階級社會不太好，政府為了消除階級而努力，就得犧牲個人自由，極端點的例子就是社會主義和共產主義。看看俄羅斯就知道人類所追求的理想只是空談，現在俄羅斯的階級不平等還是很嚴重，讓我忍不住想問他們，為什麼沒搞頭的社會主義要堅持幾十年？

話說回來，這並不是俄羅斯人的錯，人類社會本來就是在擺盪之中慢慢前進，就像線性馬達靠著快速切換正極和負極、N極和S極來運轉一樣，左搖右晃地慢慢前進。歷史上還沒有出現過亙古不變的社會呢。

這麼一看，其實左邊右邊根本沒有對錯可言，你覺得哪邊有錯，其實是覺得自己才算正義，那才是大錯特錯，所以我認為政治的議論其實沒意義，火冒三丈地去批評對手，只是為了勝選而已。

社會的本質就像鐘擺一樣擺盪，我只希望不是永遠在同一個高度擺盪，而是愈擺盪愈往上提升，當然也可能自以為往上提升，實際上卻往下沉淪，這只能留給後世評論了。

總之我認為社會體制變得怎樣都沒差，法律也不過是比賽規則，規則改了只要適應就好。我頂多覺得：「啊？現在這招行不通？有點辛苦喔。」不管社會變成怎樣，我都會好好寄生在當權者身上過日子，說好聽點，這就是藝人的榮耀。

民主主義是什麼？

說真的，其實根本沒有什麼理想國。人們總是說：「當年真好。」卻沒有人說：「國家現在這樣真好。」泡沫時代的房仲跟銀行業者或許會這麼認為吧，但那其實是天大的誤會。

據說民主主義起源於希臘，但當時的民主主義也是建立在奴隸制度上，說好聽點是所有市民都參與政治，其實所謂的市民只佔了希臘總人口的幾成，希臘的生產工作基本上都交給奴隸，這些奴隸根本不算入人口。如果這麼民主的古希臘城邦出現在現代，一定是驚天動地的奴隸國家，不過現代的民主主義其實也差不多，有投票權的人也會吃野草餓死，看看最近日本熱烈討論的派遣員工、約聘勞工、網咖難民，民主主義對他們來說根本毫無意義，搞不好奴隸時代的生活還舒服一點。

民主主義是個不知道有沒有療效的藥方，醫生說不吃這帖方子會死，所以大家一直吃，但免不了要懷疑究竟有沒有用？民意代表是民眾投票所選，所以民代的決定就是民意？這種說法有幾個人會信？光聽政見發表會也不知道這個人的人品，更遑論滿地都是敷衍搪塞的政客。

社會總為了政黨輪替、內閣改組而鬧得不可開交，但再這樣胡搞下去，我想大家遲早會覺得別再搞什麼鬼民主了。甚至有人覺得養幾百個政客，還不如養一個獨裁者比較經濟實惠，管這個人獨不獨裁，把政治搞好就好。這種仰慕獨裁者的心態，本質上就像求神拜佛，絕對的忠誠與信仰，就是喜樂。

以前的專制國家都把皇帝或國王當成神來拜，固然是為了鞏固權威，但國民肯定也認為有神明來治理國家是一種幸福。比方說日子一樣過得苦，但在民主之下的苦日子過得毫無意義，只是又窮又苦；而神明統治的國家不一樣，是為了神明奉獻，就算要苦上一輩子，也是為了達成神明所規劃的長久幸福，那這輩子就不算浪費。

其實這只是詭論，不過真的要過苦日子，還是有信仰會過得快樂一點。如果今天有個人，讓現在的年輕人相信在網咖混日子、咬牙當派遣工，都是為了全人類的福祉，那他就會是一個大獨裁者。

不合作運動讓日本更好

怎麼抱怨當今政治最好？就是什麼都不說。最好的方法就是快點拋棄國民是國家主人翁的空談，認清自己只是政客與官員的資產，大官說什麼要什麼都點頭同意，卻什麼也不做，既不繳稅也不投票。

不抱怨，不頂嘴，同時連杯茶也不泡，就像把老公當垃圾的老婆。

我覺得要是全國人民都這樣搞一定很有趣，當全國人民都說不繳稅，國家應該也沒辦法收稅；如果全國人民都不投票，光靠自己親朋好友的幾票當上議員，也只是天下笑柄。當權者不管嘴上說什麼，心裡都把民眾當成資產，為自己努力工作繳稅的資產，所以最怕的就是資產長腳跑掉。如果民眾都認清自己只是資產，那麼最好的政治良方，就是貫徹甘地的不合作運動。

如果國家因此崩潰，天下大亂怎麼辦？偷拐搶騙，燒殺擄掠，什麼都幹得出來，彷彿回到好久好久之前的石器時代，這樣人類就能從頭建立歷史。靠搶奪他人食物過活，前提必須是世界上充滿食物，如果光是收集自己與家人的食物都有困難，大家就只能乖乖工作，不工作的人就沒得過活，自然也沒有官員、政客存在的餘地。

人類在這種社會裡一定會建立自己的團體，不知不覺就形成國家，過程中一定會有人偷懶，把工作都推給別人，我想看看這種人會出現在哪個時間點，然後對著這種人說：「別這樣好唄？」我希望世界上的武器都消失，大家回頭從丟石頭、揮木棒開始，之後一定有人會生產鋼鐵與火藥，然後我要注意是哪邊出了錯，搞出更糟糕的武器來。我認為人類只要活著就會自相殘殺，但是像核彈這麼愚蠢的武器實在不該更加發達。

這或許是我荒誕不經的空話，但如果不這麼搞，遲早也是無藥可救，現今的地球人應該明白政治已經無藥可救，核彈與大量殺戮武器也不該存在，但卻無計可施。我想這樣下去永遠都沒救。

政客互稱先生是個爛習慣，但人類連這種習慣都改不掉，或許只有把歷史砍掉重練才是唯一解吧？

第九考

無論如何都幸福

二〇〇七年，次級房貸引爆的金融危機擴散到全世界，美國汽車三巨頭（通用、福特、克萊斯勒）面臨破產，美國政府不得不投入大量公家資金救援。日本的大企業也是收入驟降，被迫縮小營運規模或者裁員，喧騰一時。派遣員工丟工作，甚至有年輕人的戶籍登記在網咖裡。警察無論怎麼取締，詐騙電話依然對老人家的荷包虎視眈眈。健保制度瀕臨崩潰，醫藥費被迫漲價，日本卻還是鬧醫師荒，出現醫療人球，究竟該如何是好……以上是本節討論的內容，而北野武的想法依然與眾不同。

美國參議院舉辦貸款公聽會，會上詢問三巨頭的高層幹部：「你們有哪一個是搭民間航空公司班機來參加的？請舉手。」結果沒有一個人舉手，看得我捧腹大笑。來找國家借一百多億美金的傢伙，竟然全都搭私家噴射機跑行程？結果下次公聽會，大家都從底特律還是哪裡開十個小時的車去華盛頓……我想沒有人聽了會覺得很感動吧。總之，就算天下大亂，有錢人還是一樣有錢，這是不變的道理。

其實經濟問題就像賭博，有人贏就有人輸，有人賠就一定有人賺。就算全球不景氣，還是有某人會賺錢，保守派（NeoCon）的人不就是把好處全收了就走，爛攤子留給歐巴馬去收？甚至有人說保守派把經濟搞爛了，吃得腦滿腸肥，爛帳都丟給歐巴馬，再來說黑人果然沒搞頭。日本政府也是說為了維持企業競爭力才創造派遣勞工制度，沒辦法聘僱正職員工的公司僱用派遣工就好，企業就可以省下一筆錢。日本景氣會變好，不就是因為派遣工跟臨時工的人事費用變低了嗎？企業跟派遣公司，就是從每天賺幾千塊日圓的派遣工身上抽成來養肥自己。

對企業來說，只要碰到不景氣就可以隨意拋開派遣工，現在也確實是這麼回事，而最後會難過的只有貧窮的派遣工，企業本身不痛不癢；現在別說派遣工，就連正職員工也可以隨便開除，只要自己能活得下來就好。窮者愈窮，富者愈富，我看得很清楚，這就是世界的藍圖。

聽說日本在二〇〇八年有很多學生的內定錄用（日本學生畢業前便開始找工作，找到工作的稱為內定錄用）被取消，還佔了不小的新聞版面，政府決定提供補助，鼓勵企業錄取那些被取消錄用的學生，但我不覺得這樣有幫助。這不就像章魚吃自己的腳充飢？如果一家企業已經沒有餘力錄取新員工，就代表沒有餘力多錄取任何員工，公司都已經在猛裁員了，還要把新員工往這裡送，根本是搞錯方向。一家需要用人的企業，不需要補助還是會徵人。有人會說不補助就業，學生就太可憐了，這些人真是腦袋空空，肯定是因為社會太富足，腦袋才傻得轉不動。

快回想拿報紙擦屁股的年代

其實老人年金也好，看護險也好，我認真覺得社會實在有夠浪費。講難聽點，以前人從來不覺得馬桶需要沖水，現在竟然還有免治馬桶座，那當初拿報紙擦屁股的年代又是怎麼回事？話說回來，哪個年代的人對人生比較有信心？我說是報紙擦屁股的年代。現代人只要發現衛生紙用光了、停水了、不能上廁所了，就會驚慌失措，但以前的人根本不煩惱，反正拿報紙擦擦屁股就好。沒報紙？路邊樹葉野草拿來擦也行。

我想現代社會的憂鬱就是這麼回事，人們對幸福生活的定義愈來愈高，以前人的普通生活成了現在的悲慘生活，老人家也就開始擔憂未來，甚至自殺；但如果照以前人的觀點來看，老人家根本沒有未來可以擔憂。

我年輕的時候，老人家都體會過有一餐沒一餐的日子，只要沒餓死就覺得幸福，每天掙到一口飯吃，偶爾喝點酒，又有遮風避雨的房子，就算幸福。現代人說派遣工很悲慘，但仔細想想，以前的師父們全都是領日薪的派遣工，像我爸就是油漆工，雨季根本沒工作，沒工作就沒收入。我跟我媽要零用錢，我媽只說一句話：「哪來的錢？你有看到你爸上工嗎？」當時每天有飯吃就是幸福，沒飯吃就是餓肚子，所以對未來也沒什麼好煩惱，年紀大了頂多一死，生病了就豁達地說沒錢看醫生。

或許有人會說，又老又病還沒錢看醫生很悲慘，但大家最後的下場其實都一樣，就算家財萬貫，請名醫操刀治病，人都難逃一死。最重要的其實是心理準備，現代醫學技術發達讓大家少了這個心理準備，或許才是不幸的原因。知道自己無力戰勝病魔而慷慨赴死，或者全身插滿管子慢慢等死，哪邊比較幸福？沒人知道。

光是夢想著夫妻年紀大了去泡個溫泉、吃個美食，就已經很幸福了。

以前有個有個短劇叫做〈爺爺，稀飯好囉〉，內容先是來一段傷心的音樂，老人家抱著尿壺睡覺，年輕的孫女兒在枕邊捧著稀飯說：「爺爺，稀飯好囉。」爺爺回答：「又麻煩妳啦。」這段短劇充滿了愛，其實老人家就這麼回事，但現在已經有到府看護和高齡住宅，如果電視還播這樣的短劇，肯定會被罵到臭頭。

我不打算勸大家別浪費，但至少要明白現在自己所處的年代有多麼幸福。就算不清楚人類在地球上活了幾個百萬年，只要知道現在這種年代絕對不算正常，那麼往後無論世界變得多麼不景氣，也沒什麼好慌張的。

在城市裡被工作欺負，不如回鄉種田

有個男人從非洲貝南來到日本，名叫佐馬洪（Zomahoun Idossou Rufin，北野武旗下藝人，現任貝南駐日大使），我在電視節目〈日本人，這裡不對喔〉上面認識他，他這人還真是不得了。

佐馬洪曾經去過中國大陸留學，還唸到研究所，後來交了日本朋友，被找去日本當車床工人，當時日本的小工廠很缺人手，他白天去唸日本的大學，晚上當車床工人，或許是過度疲勞打瞌睡，右手的指頭就被車床給切掉。當時他被送去醫院，聽說在醫院只要睡覺就有三餐可以吃，竟然歡天喜地說醫院待遇好棒。這種夜間工作造成的職災原本應該鬧得天翻地覆，但佐馬洪說日本很照顧他，也因此愛上日本。接著他上電視節目，當時每天的酬勞是一萬日圓，他又覺得這個國家好棒，只要在電視上講話就可以拿到一萬塊。後來製作公司猛發他通告，他不斷在電視上滔滔不絕，說得大家一頭霧水，反而大受歡迎，也有人找他出書，書又大賣，他簡直是賺到瘋了。

佐馬洪真的瘋了，瘋得跑去辦學校。他認為自己能有這番際遇，都是因為在祖國與中國大陸受過教育，才能來到日本發展，可見教育有多麼重要，所以他把賺來的錢全都拿回貝南辦了兩間小學。佐馬洪現在在日本紅透半邊天，貝南政府問他要不要當駐日大使，他拒絕，理由是：「當大使賺不到錢，要跟著老武才能賺錢。」現在他只要有賺錢就全部投入祖國教育，而且本人還住在月租四萬日圓又沒浴室的爛公寓，每天只穿貝南的傳統服裝，我說他臭，他就去一百塊的投幣淋浴間洗澡。他幾乎不把錢花在自己身上，認為自己的人生就該為了國家奉獻，簡直是病態的狂信徒。不過他這個病貨真價實，也感動了我跟所喬治（所ジョージ，日本藝人，北野武的好友）這些旁觀者捐錢，現在他辦的學校已經有六間，有一千六百個小朋友在讀書。

佐馬洪為什麼可以獨自努力到這個地步？因為一般貝南的小朋友根本沒辦法唸什麼書，假設營養午餐費一餐二十日圓，一百個學生裡面只有五個繳得出來，剩下九十五個只能眼巴巴看著那五個吃飯。不過大家都沒飯吃，也不會有孩子覺得悲慘。不禁要想，日本既然為了污染米大吵大鬧，乾脆把這些便宜米送給貝南不就得了？不過現在這一千六百個小孩的飯錢已經有著落，也就免了。

經濟不景氣也好，內定錄用被取消也好，都沒什麼大不了，都沒什麼好憂鬱。人家說沒工作就沒飯吃，但這不等於沒食物可以吃，只是你不做自己不想做的工作罷了。要是真的沒東西吃，哪還會考慮想不想做？生物都得負責養活自己，沒有一頭獅子會因為獵不到獵物而上街抗議，獵不到就得死，不想死就去打獵。

在城市裡找不到工作，到鄉村去就好，人一定要吃才能活，所以農業永遠不會消失，只是現在的日本農業有點怪，社會吵說糧食自給率低於百分之四十，那怎麼不去種田增加自給率？愈來愈多農村人口高齡化，沒辦法繼續種田，哪有比農業更有意義的工作？如果以生產食物為業，哪還要擔心沒得吃？

應該把網咖難民營直接蓋在農村裡，年輕人在城市找不到工作，就快去鄉村發展農業，還能活化地方經濟。與其煩惱經濟不景氣、液晶電視跟汽車賣不出去，我覺得想想怎麼增加農民要聰明得多。

第十考

有沒有獨一無二的價值？

從前宮廷中有所謂的弄臣，弄臣可以說別人不該說的話，而且不會受罰，弄臣的工作就是披著搞笑防護罩開國王玩笑，或者嘲諷國王；國王是至高無上的權力，而國王在身邊安排弄臣感覺就像一種權力平衡。如果只從單一觀點去看每件事，那麼每件事情都不好笑，弄臣一句話可以逗笑所有人，是因為找到了觀察事物的其他觀點，以不同角度觀察事物能夠軟化僵硬的思緒，所以社會觀點愈僵化，弄臣的存在價值就愈大。但是當今社會上已經沒有這種弄臣了，壞人到哪個頻道都是壞人，大家搶著落井下石，簡直就是嚴重霸凌。沒有一個弄臣可以嘲笑這種霸凌，難道不駭人嗎？

以前有個橫綱（相撲冠軍）姓輪島，他很強，但是媒體關係不好，媒體都說他不認真又討厭練習，其實我去相撲房找他的時候，他也通常是在玩。

「輪島兄，你不練習喔？」

聽我這麼問，輪島笑了。

「來了這麼多記者，在他們面前練習感覺很蠢啊。我最討厭這種公關了。」

看他不常練習，只會遊手好閒，但是一上陣卻強得要命，這就是輪島的風格。其實他私底下可是努力鍛練身體才能保持這個風格，我曾經聽說輪島會跑馬拉松，偷偷去問他是真是假，他叫我別告訴外人。

「光練習相撲技巧不夠，要跑步鍛鍊下盤才會贏，只是我不想給人家知道自己在跑步，太糗了。」

我認為他說的沒錯，但現在日本社會並不接受這種想法，如果私底下偷偷練習，還得故意透露給記者寫篇好看的報導，輿論才會支持。

像朝青龍（日本相撲選手）就是不受輿論支持，被罵得很慘。他曾經拍過踢足球的影片，我看了大為佩服，那麼肥大的身子竟然能踢足球，甚至還挑戰倒掛金鉤？有這等下盤力道和運動神經，難怪朝青龍很強。

可是日本人看了這段影片卻沒有我這種感想，而是像獵女巫一樣大吵大鬧，說他混水摸魚，我不知道這算不算混水摸魚，就算是，何必驚動全日本來罵他？說什麼相撲是國技，跟其他運動不一樣，這是誰在何時規定的？再說，什麼是國技？就算退個一百步承認相撲是日本國技，相撲始祖野見宿禰還不是踢爆了當麻蹶速的腰窩（日本留傳至今最早之正史《日本書紀》中的情節）？江戶大力士雷電當了十六年的大關（相撲階級，僅次於橫綱）只輸過十次，卻沒能當上橫綱，聽說是因為他曾經在土俵（相撲場地）上摔死對手。這件事的重點在於殺了對手並不會被逐出相撲界，只是不能當橫綱而已，當然這段故事好像只是明治時代的杜撰情節，我想說的很簡單，什麼國技跟傳統本來就這麼回事。現在相撲選手做個勝利手勢就要鬧事？只是日本人卯起來欺負外國人（目前日本相撲有許多蒙古選手，如朝青龍）而已，哪來的格調？要嫌人家的格調之前，先看看自己有沒有格調吧。

話說清楚，我並沒說朝青龍這個人好或不好，只是很討厭日本社會整體盲從的趨勢，電視不管轉到哪一台，都是不同的新聞節目播報一樣的新聞內容，名嘴就像一群鸚鵡，只要有人開頭稱讚某件事情就搶著錦上添花，噁心得要死；而只要決定攻擊誰，就毫不留情打到體無完膚，變成一灘爛泥為止。

這怎麼看都不像話，但對電視台和這批名嘴來說，或許也只有這麼不像話的生存方式。如果去支持一個被輿論攻擊的人，得有跟著被攻擊的心理準備，這就像小朋友霸凌一樣，全班同時霸凌一個小朋友不是因為討厭他，而是因為不跟隨團體行動，自己也會被霸凌。

說正經的，現在派遣工丟工作的問題鬧得很大，原因就出在小泉前首相的政策上，但是沒幾個人說小泉的政策是垃圾。如果覺得派遣工很可憐，政府很可惡，那第一個該罵的就是小泉，也就是說當時爭相吹捧小泉的新聞主播跟名嘴，必須帶頭磕頭道歉。

事實上他們沒有，代表他們承認自己把跟隨潮流看得比社會公義更加重要。如果他們要求別人做像樣的事情，怎麼不先老實承認自己嘴裡講的公平正義都是狗屁，心裡只想上電視賺大錢？

搞笑不分地位高低，也沒有善惡好壞

搞笑其實是惡魔的行徑。

舉個簡單明瞭的例子，有位老先生去參加喪禮，起身要上香的時候因為腳麻而跌倒（參加日本喪禮要跪坐），任何人看了都會發噱。不知道為什麼，情況愈緊張，有人出包就愈好笑，這不是好或不好，純粹是因為人性如此。

我這麼說或許有點討人厭，不過，人根本不管什麼氣度，就是忍不住會笑別人的失敗，設想希特勒其實是個禿子，對著群眾高談闊論的時候假髮突然被風吹走，那會有多好笑？或許笑了會被槍斃，但如果我在現場還是會捧腹大笑。換個角度看看，雖然希特勒已經不在這個世界上，但社會卻變得比當時更慘。

我還小的時候，碰過鄰居有個醜姑娘要結婚，爸媽看著女兒穿上新娘服哭得淚汪汪，鄰居的阿姨還大喊：「哎喲，變這麼漂亮了！」當時我覺得有夠蠢，忍不住笑出聲來，又被老媽敲了腦袋瓜，只好低頭憋笑。酒鋪老闆看了偷偷對我說一句話。

「女兒這麼醜，還說那啥鬼話？」

這下我真的忍不住放聲大笑，結果大家也跟著一起笑，如果我現在上電視提起這件事，觀眾一定會猛打電話罵我沒氣度，說女人不該只看外表什麼的。

不過搞笑就是充滿魔力，就是這種時候惹人想笑，搞笑沒有地位高低之分，也沒有善惡好壞，任何人都會因為相同的原因發笑。

當今社會的風潮卻是節制搞笑，真無奈，社會愈來愈不能說笑了。

日本在搞笑巔峰期的時候，沒有搞笑藝人的電視節目就做不下去，現在社會卻不給說笑，不對，或許就是過了巔峰期才不能說笑。

因為搞笑成了百貨公司。

以前搞笑藝人是演藝圈裡地位最低的一群人，就像臭老頭自己開的小壽司店，只有老闆自己捏壽司，所以能光明正大地說：「討厭我的壽司就快滾，別再上門啦！」

可是成了百貨公司之後就不能這麼做，壽司店頂多只有二、三十個常客，百貨公司必須要成千上萬的顧客才養得起，只要有客人抱怨就得用心處置，無論顧客的要求多蠢，都不能叫人家滾出去。

對普羅大眾做生意，就要準備能行遍天下的商品，看看吃的就知道人的口味千奇百怪，像臭豆腐或藍起司，愈刁鑽的食物愈少人喜歡，就算有少數狂熱粉絲，大多數人還是會說：「這什麼鬼？能吃嗎？」

搞笑也就像這樣，以前搞笑藝人只能在劇場或寄席（藝人自行開設的表演屋）混飯吃，應該有很多水準超低的藝人，但也創造了無與倫比的名人。這些名人的技藝有特色，不需要受到大眾喜愛，不喜歡的觀眾就要他滾蛋。

現在搞笑成了社會主流，也就不能這樣搞，只能搞些讓老弱婦孺隨便笑笑的無聊橋段。當今主流搞笑有點像垃圾食物，熱水泡三分鐘就能吃，大家只會練那種兩分鐘逗人笑的技藝，再怎麼練也不會往上提升，幾乎等於是聚餐小表演。

不過批評這件事情也沒什麼幫助。

因為年輕人真的只有這點舞台可以發揮，狡猾的大人創造一個環境，裡面只能量產空洞的泡麵型搞笑藝人；說清楚點就是栽培速成的藝人，給他們少少的薪水，等他們吵著要加薪的時候就踢去旁邊，這樣效率最高。

我覺得這樣很可憐，不過這不是本節主題，這裡是說在這樣的社會潮流裡，搞笑失去了霸氣與獠牙，變得愈來愈無聊，愈來愈沒有意義。

一旦搞笑成了主流，就不能嘲笑國王沒穿衣服，這就是當今社會的狀況。日本有句俗話說：「有錢人不吵架。」現在藝人為了賺錢而不吵架，連那些賺不到錢的窮藝人也沒辦法吵架。

我說搞笑是惡魔行徑，不分地位高低都會被逗笑，可是現在的搞笑只逗地位低的人笑，藝人們猛嘲笑那些弱勢，卻不敢找大尾的麻煩。放眼望去，社會上多得是可以取笑的大人，卻沒有一個人敢上前動手。

「對這種人動手會被幹掉。」年輕人或許會這麼說，或許也真的會被幹掉，但就算你不動手，還是會在發達之前被幹掉。你才剛在電視節目裡卡到一個小位子就開始擔心自主規範（日本媒體的自律習俗）有什麼用？

應該很多藝人對我說的話很有同感，現代年輕人追求的目標跟我那個年代是天差地別，我當藝人的時候有餓死在淺草的心理準備，現在這種人只能算是古董，時代真的變了……但我還是希望再有一個像我這麼瘋的人。

第十一考

人類智慧可及的範圍

以前的英雄有夠偉大，有如天之驕子，像長嶋茂雄、石原裕次郎（日本藝人）、美空雲雀，偉大程度都不是現今的明星可以比擬。北野武探討為什麼以前的英雄這麼偉大，聯想到為什麼煮章魚會那麼好吃，結論就是人工與天工的差別。究竟什麼是天工？天工與人工的區別又在哪？這樣一個哲學層面的難題，北野武依然說得開門見山，問題答案就在於人類史上亙古不變的事物。

我剛懂事的時候，日本的棒球英雄是川上哲治先生，當時日本各地只要有小朋友說自己是背號十六號的一壘手，肯定成了孩子王。

後來長嶋先生瞬間推翻了這股風潮，他從立教大學畢業就進入巨人隊，自此之後所有日本小孩都想當背號三號的三壘手。其實以前也有水原教練、川上先生、青田先生、稻尾先生這些棒球英雄，但長嶋先生的人氣就是天外奇蹟，單用時勢造英雄去解釋他的人氣就不對了。長嶋茂雄無疑有著萬中選一的英雄特質，幾十年才能出這樣一個大人物。

即使如此，長嶋茂雄要是沒有生在那個年代，也成不了那樣的英雄。簡單來說，假設長嶋先生在二〇〇九年還是年輕力壯的現役球員，跑去打大聯盟，表現又比鈴木一朗更亮眼，應該也不會像當年那麼受歡迎，因為現代民眾的目光被各種領域給分散了。

拿現在與以前相比，每個人接收的資訊量肯定多了幾百倍，以前我爸回家開電視不是看相撲轉播，就是看棒球轉播；現在可不是，就算無線台不夠看，還有有線台跟衛星台，多到不知道有幾台，而且還不一定只能看電視，可以看ＤＶＤ或藍光，也可以打電動。如果再加上網際網路，現代人的選項應該是以前的幾千倍，每個選項都有個小世界，搞不好每個世界裡都有個英雄。

沙漠裡面沒有水，所以孤零零的綠洲顯得格外珍貴，但如果用尖端科技在沙漠裡鑿幾十座井弄得到處是綠洲，感覺就不那麼珍貴。現在資訊不值錢，也就不會有以前那種唯我獨尊的英雄了。

美空雲雀也好，石原裕次郎也好，都是因為生在匱乏的年代裡才能綻放那樣的光芒。

以前我聽說淺草有家三溫暖，長嶋先生曾經去那裡抓過龍，我當然馬上就趕去朝聖一下。那家三溫暖的按摩房裡面果然貼了長嶋先生光顧的照片，當時我真心覺得這家三溫暖真了不起。現在回想起來那不過是家普通的三溫暖，聽起來有點蠢，可是我當時真的超熱情。

我也曾經去棒球場看巨人隊打球，還在球場邊等選手上場，當時我沒錢買什麼簽名板，就隨便抓張紙等球員出場要簽名，但是真的看到球員出場，又緊張得不敢開口要簽名。我的個性就是這樣，當時的英雄和巨星對我來說真是遙不可及。也聽說坂本九先生（日本歌手）的樂團吉他手就住在我家附近，本身也是個藝人，街坊鄰居都把他當神來拜，那個年代真的就是這樣。

後來我成了當紅的漫才師，還有機會見到長嶋茂雄本人，記得長嶋先生也認識我，而且對我說話的語氣相當友善，反倒是我年輕時的追星後遺症讓自己緊張得要命。

演藝是人工，運動則否

我的年代雖然跟長嶋先生不同，但也算搭了時勢的順風車，當年的漫才瘋頂多只有六組搭檔當紅，這對現代年輕人來說簡直不可思議吧。我真不知道現在到底有多少藝人，而且網站跟部落格還不斷出現「網路紅人」。當時 Two Beat 就好像獨自開在峭壁上的百合花，現代藝人則是在大花園裡拼命想開花，就算開了花，也得面對數不清的競爭對手。

話說回來，我們這朵峭壁上的百合花有很好混嗎？絕對沒有，每天拼命想著讓觀眾有新的刺激，這就是藝人與運動員的差別。藝人是新鮮貨，演藝就只是演藝，不可能每天都看，棒球每天看都很激動，但漫才每天看很快就膩，畢竟都是老梗。我們這些藝人知名度高了，上電視了，就注定會被觀眾看膩，所以必須不斷創造新梗，每次上電視上廣播都要有新梗，也知道只要一個梗做不好就會搞砸。可想而知，那些想不出梗的人漸漸退出，紳助（日本藝人）倒是很聰明，改行當主持人，其他漫才師則是先紅了一段時間，然後想不出梗黯然退場。

無論當時漫才有多瘋，本質上都跟運動比賽的萬人空巷不同，進一步來說，藝人是靠人工來分高下，人工的東西不管怎麼練都比不上天工，只要哪天搞不出新玩意兒就會被淘汰。演藝圈就像一片汪洋大海，游不動了就淹死。

繩文人會不會覺得法國菜好吃？

我曾經在某家日本料理店吃了煮章魚，好吃得受不了，那不是什麼精雕細琢的大菜，調味也很單調。我隨口問過廚師怎麼做的，廚師簡單一句話：「煮過而已。」這道菜就是簡單到不行，但也好吃到不行，老媽從小告訴我評論飯菜好不好吃是沒教養的事情，所以我不太評論東西好不好吃，但這煮章魚真的好吃到讓我不得不說好吃。

我不知道章魚怎麼選的，煮的火侯怎樣，鹽巴要加多少，但普通廚師一定煮不出那種章魚，有正港的手藝才能煮出那種章魚。

除了廚師的好手藝之外，章魚本身肯定也要好吃到不行才能做出那道菜，把章魚原有的美味發揮到極致，才有那樣的好味道。其實做菜也算人工，但那道煮章魚可以說是「天工」。我總覺得那些鑽研醬汁、精心調味的大菜，跟這種天工就是不一樣，就好像棒球跟演藝的差別。我想就連繩文人（日本當地的原始人）也能嚐出天工的美味，只是感受可能有點不同。過了幾千年，烹飪技術突飛猛進，但我想無論使用怎樣的烹飪手法，都贏不過那樣簡單明瞭的天工美味。

為什麼會這樣？我說是因為人類本質其實沒變。記得養老孟司先生（日本解剖學家）說過，如果把繩文人的小孩帶到現代來上學唸書，就會跟現代小孩沒兩樣，應該就那個意思。無論各方面的技術如何進步，人類為何感動？為何憤怒？為何哭泣？這本質依然千年不變，數千年前後的人類本質都差不多。

於是我認為人工與天工的差別，就看是展現日新月異的精巧技術，還是講究人類不變的本質。如果要用日新月異的精巧技術來較量，必須不斷創造新鮮事，否則人們很快就會膩。當然棒球的技術也是不斷精進，棒球員也努力鑽研新技術，但棒球員感動觀眾的原因，則是在千年不變的人類本質上。

現代人無止境地增加人工的類別，確實連天工都被這些雜草樹木給淹沒，很難像以前那樣發芽茁壯，但腳踏實地打拼的運動員依然能夠感動大眾，就像我吃過的那道煮章魚。不對，不只是運動，所有領域應該都有這種人，藝人的梗或許是人工，但逗人笑的部份，仍然在於人類千年不變的本質。

由此可知無論哪個行業的人，都必須探討自己這一行的人類本質是什麼，當人忘記本質，就會迷失在五花八門的類別之中。不過話說回來，想不到梗也真的是沒救啦！

原始人會擔心這種事嗎？不可能，他們不擔心沒梗，但肯定要擔心每天有沒有獵可打，打不到獵物就是徹底完蛋。今天打了頭鹿，鹿吃完了又得打其他獵物。

嗯……到頭來原始人跟藝人或許都一樣。

第十二考

飢渴的奢侈

人是任性的生物，自己喜歡奢侈卻批評別人奢侈，全世界的有錢人都明白這點，所以不會大喊：「錢是自己賺，奢侈無罪！」而是偷偷摸摸地奢侈。北野武這個人真是奢侈得天衣無縫卻又明目張膽，他買車的誇張行徑真是令車迷直流口水，或許他的人生不需要鋪張，只是知道很多有趣的花錢方法，這或許就是他成功的祕密。

我覺得最近身體狀況不錯，連熟識的指壓師傅都說：「你這麼健康，可以開車開到七十五歲！」所以接連買了三輛跑車。這位師傅也是車迷，或許這三輛車就是被他慫恿才會買。我年輕的時候買過很多保時捷之類的跑車，後來出了車禍就把車全部賣掉，請司機來幫我開，自己不再握方向盤。師傅說我還可以再開十年車，這或許不算慫恿，而是因為我認為只能再開十年車，所以才會想再買輛車來自己開開看。

後來我去找所喬治玩，他家竟然停了三十輛車，看了還真有點羨慕，結果我又買了法拉利跟藍寶堅尼，再加上之前買的保時捷，等於是一次買三輛，感想是好跑車開起來果然舒服。那種改裝引擎才能變快的車，一定要開快才會有人拍手，所以每個駕駛都開快然後出車禍。不過大家都知道法拉利很快，也就沒必要開快車，無論什麼時候都能輕鬆領先，想停也能馬上停住，果然競速專用車也特別講究安全，只要不開快，沒有什麼車比跑車更安全。

我買了三輛跑車之後怎麼處理呢？就只是沒工作的時候，下午開車從家裡到世田谷附近逛逛而已。我不想出車禍，所以不會開進市區，而且雨天不開、晚上不開，只是跑一小段首都高速公路，吃個飯聊聊天，三點左右開回家收工，除此之外幾乎不開這些車。在那個節儉是美德的年代，大家一定會罵我有夠浪費，但是現在有消費券就免擔心，我買名車叫做刺激經濟，叫做回饋社會。如果每個人花一、兩萬日圓可以刺激經濟，那我買三輛跑車應該可以領個獎吧？也罷，這種玩笑話就不提了。

說到刺激經濟，之前我帶老婆去新宿的百貨公司血拼，百貨公司門口有VIP專用車位，我真的一屁股就給他停下去。之前聽說停在這裡買東西至少要花一千五百萬日圓，我跟老婆討論是不是真的這麼花錢？還是算了吧？最後還是決定試著風騷一次。車一停下來，立刻就有五個百貨公司的銷售專員等在旁邊，九十度鞠躬說：「歡迎大駕光臨，請往這裡走。」我們知道上了賊船，只好大買特買。買了一輪之後，有人帶我們前往接待室休息，端出精美又高貴的咖啡杯請我們喝咖啡，專員看了我的錶說：「您喜歡百達翡麗的手錶？」我隨口回答是，專員立刻連絡手錶專櫃派人拿了一堆最新款的百達翡麗手錶過來，後來各個樓層都像這樣派人過來，又逼我買了一堆手錶戒指什麼的。不對，說逼我買有點沒禮貌，一流的專櫃人員從來不逼客人買東西，從來不直接說請客人買這個。買不買這東西完全看客人自己的心情，但他們就是有辦法讓客人自然而然地想買，自然而然地就陷入不得不買的狀態。回過神來，我們買的東西多到嚇死人，開車回家途中我跟老婆說以後再也不去那種地方，自己也覺得這種經驗嚐過一次就夠。那絕對不是什麼不愉快的經驗，而是社會上的一種浪費。

為什麼富二代通常沒出息？

我總認為人死不能留財，當然多少還是會留一點，但不想留到子子孫孫都夠用，因為天生不缺錢的環境對孩子沒好處。日本有句俗話說：「長輩不留好田是兒孫之福。」意思就是富二代通常沒出息。

其實我也沒資格講別人。

我家是妻管嚴，不肯讓小孩浪費錢，連駕照都不讓小孩考，明明教育這麼嚴謹，我家小孩依然沒什麼出息。該怎麼說好呢？我家小孩不是壞，但是我希望他們更有活力一點，可是他們從來不說想要車子還是什麼東西，沒什麼慾望。因為他們從小就沒有飢渴的經驗，我家小孩不准奢侈，但是想吃什麼都有得吃，難怪也沒有特別想吃什麼。

我小時候想吃好多東西，總想著哪天要吃蛋糕吃到飽，吃鰻魚吃到飽，就因為很多東西吃不到，慾望也特別強，買跑車就是這麼回事。

我家小孩沒有被輸入這種慾望，應該也不會想找什麼了不起的工作，他們應該還算努力打拼，但是看在我這個老爸眼裡就是淡泊名利，沒有慾望。

話說回來，我想不是我家小孩沒慾望，而是現代年輕人基本特色就是沒慾望，就是所謂的草食系，不夠飢渴。

大家說日本社會有貧富差距，為什麼大家反而不那麼飢渴？有人說是因為社會富足了，我認為原因不只如此，畢卡索成了大富翁之後還是不減創作慾望，也不會因為貧窮就比較衝動。

我認為民眾少了飢渴的真正原因，是社會把金錢當成唯一的價值。回顧歷史，肯定找不到哪個年代比現在更重視金錢。

這個時代就連生存的喜悅都能換算成金錢，日本俗話說：「武士沒飯吃也要嚼牙籤裝飽。」這現在已經行不通。我家以前很窮，但是從來不讓我們小孩子覺得窮是一件慘事。不會為了吃東西而去排隊；看到店家東西賣得超便宜但瞧不起客人，就絕對不去買。老媽教導我們，人的價值不能以金錢來衡量。

如果我沒有這樣的老媽，又出生在這個年代，我一定會去熱門拉麵店排第一個，然後一手一支手機猛傳簡訊。說真的，我現在看到路邊有人排隊，還真有股衝動想去跟著排，但老媽的教誨造成我的心靈創傷，想排也走不過去，我覺得這樣真好。

你能不能教導別人，人生還有金錢之外的喜樂？

錢真的很方便，難怪大家都搶著要，我想我老媽肯定也想要錢，只是覺得表現出來很丟臉。錢或許很重要，但人類還有比錢更重要的東西，比方說榮譽或堅持，而當今世人已經完全拋棄了這些東西。我感覺現代人寧願損人也要利己，只要自己有好處就行。

所以人們只能在金錢上找到價值，我認為排隊就是M型化社會為窮人所想出來的廉價小確幸，排上一、兩個小時才吃到一碗拉麵，感覺有點微小的幸福，這樣就能滿足每天的生活，自然不會有更強的慾望。大家只要看看名牌包拍賣會的景象就知道，當大家你推我擠，拼命追求小確幸，就會忘記自己成了社會的牲畜。可是一定有人看了這種影像，而躲在角落裡竊笑。

總之，包括我自己在內，全世界都被虛偽不實的奢侈給欺騙了。人類的慾望被替換成單純的消費，例如買名牌、吃熱門拉麵、買跑車，其中的核心思維就是有錢什麼都能買，能買就是幸福。這個思維讓我們只能體驗金錢消費範圍內的幸福，人生就變得空洞乏味，父母也無法教導小孩人生還有更多的喜樂。

我曾經見過第十四代的酒井田柿右衛門（日本陶瓷家族），他爸爸第十三代柿右衛門還生龍活虎，看他們父子吵架真的很有意思。第十四代說自己的畫技比老爸強，他隨手畫了些陶瓷要用的草稿丟在旁邊，就被第十三代的老爸拿去用在自己的作品上，所以現在都把草稿藏好不給老爸發現。他們父子老是為了這個吵架，我也笑他們亂七八糟，不過第十四代也說了，他怎麼燒都燒不出老爸作品的那個白。我想當今社會上沒有比他們更幸福的父子，他們從來不討論錢，雖然大名鼎鼎的柿右衛門家族只要燒出好作品就不愁吃穿，還是不討論錢。

我想沒有比這更奢侈的事情。當代柿右衛門或許很有錢，但後代柿右衛門依然保持飢渴，依然明白人生有金錢之外的喜樂。當然，我們也要考慮到職業世襲缺乏選擇職業的自由，是造成社會不幸的原因之一。

總之這也要看行業，搞笑藝人要世襲就有點困難，兒子必須追求比老爸更好，不對，是更蠢的作品，父子還得穿個什麼布偶互相吐槽說：「你得想個更蠢的布偶來穿！」

我知道自己沒有什麼可以傳世的技術，只好繼續心不甘情不願地紙醉金迷，免得留財害了子孫。

第十三考

虛偽的真心話

當今社會很重視個人特質，在這個方面，應該沒幾個人的特質比北野武更突兀，他在大眾眼中就是一個特別的人，但當事人毫不這麼認為，或者說他根本不在意這件事。他老是說：「我沒有真心話。」這究竟是怎麼回事？

自從我在社會上闖出名號以來，不知道接受過幾百，不對，幾千次的訪問，也早就忘了受訪當時說過些什麼，但有件事情我很確定，每次說的事情都是臨時起意。

如果有人問我：「你對A有什麼看法？」我可能回答B，可能回答C，也可能回答D或E或F，總之就是沒有連貫性。不只是受訪如此，我寫書的時候也是如此。

我說的話會根據現場狀況、氣氛、趨勢而不斷改變，甚至常有一百八十度的大轉彎，想到什麼就說什麼。這倒不是在捉弄訪問者和讀者，也不是說謊，更不是隱瞞自己的真心話。

我只是認為對某件事物的看法可以千奇百怪。

有人問我喜歡橘子嗎？今天我回答喜歡，明天可能就回答痛恨，所以我認為人根本沒有什麼真心話。

現代人認為說真心話是好事，說真心話的人是好人，但我就是不懂說真心話有什麼意義可言。誰敢保證真心話不會變？現代人只是先說一句：「我說的是真心話。」然後迎合著對方胡說一通，社會就當它是真心話了。冷靜想想，愈考慮對方的想法，說話的立場就愈不固定才對。

我認為真正的真心話其實都是些屁話，比方說肚子餓了，想搞那女的，想拉屎，想要錢，想喝酒，這些低級的下半身話題才是不折不扣的真心話，其他哪有什麼話算真心話？

在喪禮上看到遺孀淚如雨下，你說：「不知道她往後怎麼過活，想到我都要哭了。」這我不覺得是真心話，男人的真心話應該是先矯情安慰，然後趁虛而入。

只有我會這樣想？或許女人不懂這些……這先不提了。

所以真心話根本不是什麼好話，全是些大家聽了不舒服的屁話，當今民眾所說的「真心話」當然不是這種東西，那會是什麼？就是掛名「真心話」的場面話。

如果探究真心話到一個極點，就會追溯到人類本能，人類也是動物，動物行為的基礎就是本能，看到前面有正妹就想撲上去，看到人家吃好料就想搶過來吃。

世上要真有真心話，這些肯定最真。

當山林大火燒死了上百頭動物，獅子或野狼不會傷心落淚，只會開心地吃天然烤野味，人類基本上也是一樣，只要自己跟自己的家人開心就好，素昧平生的人落難出糗則是天大笑話。落語橋段常提到火災時圍觀的群眾，看火撲滅了就覺得失望，看火又燒起來則手舞足蹈。觀眾聽了這橋段會捧腹大笑，證明了這就是真心話。

再看看電視跟報紙的新聞，殺十個人的新聞篇幅會比殺一個人來得大，也是一個道理。主播跟名嘴苦著臉說這件事情很慘，大家要記取教訓，但如果報導這件慘案會降低收視率，電視台一定立刻停播，才不管它有什麼教訓。

電視台的真心話就是收視率，而不是社會教育，觀眾當然也不是為了學得教訓才去看新聞，只是跟鄉民一樣愛湊熱鬧。如果有人特地跑去鄰鎮看火災，絕對不是為了看屋主一家在火勢撲滅後開心的表情，也不是為了記取火災的教訓。

人並不靠真心話過活

我不是說人性本惡，人性扭曲，也不是主張人性沒得救，就是喜歡把快樂建立在別人的痛苦上。人當然也有同情心，只是我不懂原理罷了。

要是我看到有小孩在河裡溺水，也會想辦法伸出援手，這不是為了做面子，純粹是人類有這樣的心理機制，但會不會真的跳下河裡去救又是另外一回事了。這件事情就先不討論。

我想說的是，人並不靠真心話過活。

這還用說？普通人不會因為看到前面有正妹就撲上去，也不會因為想要錢就去偷去搶，就算犯罪不會被抓去關，應該也不會這麼幹，因為我們都活在社會之中。社會規矩是不殺、不姦、不偷，摩西十誡和佛家八戒的內容都差不多。

這什麼意思？意思是人類如果有完全的自由就可能殺姦偷，但放任人類殺姦偷就無法建立起社會，所以好久好久以前，某個地方決定了殺姦偷的人必須被排除在社會之外，久而久之這就成了人類的第二本能。生活在現代社會的普通人，就算經歷社會變遷，殺人與竊盜都不再算是犯罪，對殺人與竊盜應該還是有很強的抗拒感。不過這畢竟只是人為打造的第二本能，還是無法抵銷大自然所賦予的本能。

所以各個時代的支配者創立了道德、宗教等各種場面話，對民眾的腦袋寫入第二本能。

我看清貧思想就是其中之一。如果讓百姓紙醉金迷，國家就收不到稅，所以清貧是民眾的美德，而不是支配者的美德。最好的證據就是支配者通常紙醉金迷，胡作非為，就像日本戰國時代的大名（諸侯）總是順我者亡，連和尚都抓來火烤，成了大英雄。有權有勢的人根本不必講道德。

我想當今社會也沒什麼不同，只是道德已經落伍，所以替換成環保愛地球之類的新道理……這我也不再多說，懂的人自然懂。

總之，人活著就是在壓抑真心話，社會就是建立在場面話之上，搞笑就是攻擊場面話與真心話之間的矛盾。正因為不能說國王光屁股，小孩子說了國王光屁股才會惹人發噱。

之前有個電視節目叫做〈我們都輕浮〉（オレたちひょうきん族）很受歡迎，道理也是一樣，原則就是沒原則。節目笑點大多是私底下聊天屁話，比方說：「你昨天是不是搞了那個妹？」之前並沒有節目會幹這麼下流的事情，結果一炮而紅。不好意思，我就是節目首腦之一，但真要我說的話，這種搞笑並不是技藝的搞笑，而是像剝洋蔥皮，一句接一句地挖出真心話才會好笑，所以有它的瓶頸。

當時友台有個收視長紅的節目〈八點囉！全員集合〉（8時だョ！全員集合），我們總因為贏過人家而沾沾自喜，但是現在回頭去看〈我們都輕浮〉，感覺一點都不好笑，老套到笑不出來，反而是〈八點囉！全員集合〉現在看了還是很好笑，因為人家節目的笑點都經過精心打造。

真心話沒什麼大不了，只是因為大家都不肯說，說了的人好像就比較強，結果現代社會真的把說真心話的人當英雄，我真的不懂，真的覺得有鬼。〈我們都輕浮〉現在看來不好笑，是因為裡面的梗以現在的觀點來說只是不痛不癢的私房話，就好像現在最流行的笑話梗一樣。

我再說一次，真正的真心話就是亂七八糟的慾望，現代人說的真心話，只是另外一個水準的場面話罷了。

從上面看就是棒子在游泳

我覺得好久好久以前的原始人還沒發明場面話之前，生活一定很開心，距今數千年前的人類，喜樂源頭跟現在肯定相去不遠。無論文明如何演進，味覺也不會比較發達，性感帶也不會比較敏感。

文明做了什麼？就只是把取得快樂的過程變得更複雜，人們不追著鹿跑，改成去公司上班，要擠通勤電車，還要聽長官的廢話。我是沒有當上班族的經驗，不過演藝圈也好，電影圈也好，其實都差不多，我也想過自己究竟在幹什麼。

但是我也不能把生活變單純，回去繼續追著鹿跑，因為我這個年紀在當時只是拖油瓶，早就被扔去深山裡等死，所以我現在只能活在場面話的世界裡。

我只能盡力抵抗，站在高處同時旁觀場面話與真心話，觀察這個世界。

我曾經寫過一個梗：「從水族箱旁邊看神仙魚感覺很漂亮，但是從正上方看下去不就只是條棒子？」從側面看是場面話，從正上方俯瞰就是真心話，觀眾聽了我的梗捧腹大笑，而我正是從上方觀賞神仙魚才能寫出這種梗。

從上方觀察這個世界，還有很多耐人尋味的地方。

我拍電影的觀點就在這裡。

這至少比追求自己的真心話、探索自我這些無聊蠢事要有趣得多。

但，倒也不會比追著鹿跑的生活更刺激就是了。

第十四考

向右，左轉！

本節討論街坊議題的兩極化。政策是否錯了？社會是否對不起我？北野武認為不管怎麼說，問題都在自己身上。在那個遠比現代貧窮的年代裡，大家有一餐沒一餐還是活得抬頭挺胸。現代人嘴上說著經濟不景氣，但要吃什麼都有得吃，過得也挺快活。大家心態怎麼會變得這麼窮酸？

資本主義的原則是自由競爭，在這個前提之下，社會有極貧與極富，就像太陽公公打東邊出來一樣理所當然。

有錢人錢滾錢，窮人的錢就會被吸走，網際網路和手機都是從窮人身上搶錢的系統，就連尼特族、繭居族這些沒工作又不繳稅的人，也得想辦法繳出網路費和手機費。這真是前所未有的高效率吸金系統，人說水往低處流，錢則是被往高處吸。

撇開某些富人特例不談，民眾輿論非常反對貧富差距擴大，但本身行動卻不斷擴大貧富差距，看到哪裡有特價拍賣就心甘情願地排隊排三、四個小時，最近甚至把排隊當成興趣。我個人認為這實在有夠丟臉，但是記者去訪問那些排隊的人：「請問你排多久了？」排隊人竟然還得意洋洋地說：「我前天晚上就來排了。」這又讓我想到有電視節目介紹裝袋高手，店家舉辦塞滿帶回家活動，婆婆媽媽上電視教人家怎麼在塑膠袋裡塞最多秋刀魚或橘子，這我看了也是覺得丟臉丟到家，但當事人一點都不覺得，反而還自以為高手，喜形於色。我說這只是小家子氣。

好吧，如果我在電視上這樣講又會被抗議電話打爆，婆婆媽媽說經濟不景氣，老公賺不多，我拼命讓孩子吃飽有什麼不對？你北野武根本不懂民間疾苦！就算退個一百步，我真的不懂民間疾苦，我還是要說這種事情私底下偷偷幹就好啦。

為什麼她們不會去想，這種跳樓流血大拍賣輾轉造成的結果，就是害自己老公賺更少、小孩吃不飽的原因？削價競爭造成通貨緊縮，午餐一頓只要兩、三百日圓，還有人笑著說這樣算幸運。但是薄利多銷的債，終究要由勞工自己來償，成了窮人互相勒緊褲帶的窘境。窮人們看著這窘境得意洋洋，富人們躲在後面偷笑，社會曾幾何時變得這麼低俗？

日本詩句說：「衣衫襤褸心似錦。」當今社會正好相反，金玉其外敗絮其中。

以前的窮人不以貧窮為恥，就算衣衫襤褸，也有人窮志不窮的尊嚴。我講過很多次，我媽就是很窮的辛苦人，她的生活就像美輪明宏（日本歌手）唱的苦情歌，每天打零工把我們兄弟養到上大學。她一定很珍惜口袋裡的每分錢，但如果店家打著低價瞧不起窮人，絕對不會去那家店花錢。她也不准我們為了吃東西而排隊，沒錢就是沒錢，沒有什麼好丟臉的，要活得抬頭挺胸、光明正大。這就是我媽的教誨。但是當今社會上，懂這點的人是絕對少數，可見因為經濟不景氣而M型化的其實是人心。

人心窮酸，電視節目也跟著窮酸

不是只有人心變窮酸，最近連電視圈也很難討生活，現在不只是電視圈的人知道節目收視率低迷，全日本的人都知道這件事。前陣子日本電視節目收視率百分之三十並不稀奇，說句臭屁話，我的節目沒有百分之三十的收視率才奇怪，如果低於這個數字，製作單位就會慌張地開會討論對策；但最近節目只要收視率超過百分之三十，大家就歡天喜地。

現在收視率就像午餐價格一樣直直落，以前的收視率數字聽來就像天方夜譚，為什麼收視率降低了？因為電視節目變下流了。這根本就是削價競爭的相同道理，原本收視率就不高，大家還你爭我奪，節目也被迫愈做愈下流。

有人會說我沒資格批評人家下流，我也沒什麼好反駁，YouTube上可以看到不少人上傳我以前演出的龜有兄弟（亀有ブラザーズ）片段，我穿著粗工的衣服大唱什麼：「拉啊～拉啊～拉小鳥～」「糟糕啦！鳥長毛啦！」，這已經不是下流可以形容，甚至還因為下流到破錶，連民眾都不想打電話去電視台抗議。

不過我想說的下流並不是那種下流，我是很樂意扮演龜有兄弟，但有些下流梗給再多錢我也不肯演。或許我就是不想搞那種下流，才選擇了龜有兄弟這條路。

我不喜歡哪種下流？就是迎合社會的下流，也可以說是排隊的下流，最近民眾說每個電視頻道的節目都差不多，其實就是電視節目都在排隊。

收視率低迷，該怎樣拉抬收視率？很簡單，抄襲高收視率的節目就好。或許電視台也是有下很多工夫，比方說分析每分鐘的收視率和觀眾年齡層，但最後製作節目的思維都是抄襲，都是模仿，每家電視台都一樣。話說日本只有五個主要電視台，他們就像啣尾蛇，不斷循環抄襲彼此的節目，把電視節目搞得跟金太郎糖（日本糖果，無論從哪裡切開，切面都有相同的金太郎圖案）一樣。

也有人說是因為網際網路與手機問世，更多選項降低了電視的收視率，這也是事實，不過民眾吃膩了金太郎糖才是核心問題。為什麼人們不了解這件事？我想當社會風氣變得窮酸，人類就不敢面對自己、審視自己，只會東張西望，哪裡熱鬧哪裡湊，完全就是去熱門拉麵店排隊的相同心態。

我犯案被捕之後有半年的空窗期（一九八六年，北野武率眾攻擊

Friday雜誌編輯部遭到逮捕），當時無事可做，乾脆卯起來唸小學課本，倒不是為了要從小學開始唸起，而是小學題庫愈解愈有趣，這給了我靈感，後來就跟逸見（政孝）先生搭檔主持〈平成教育委員會〉。這是我回歸電視台之後的第一個電視節目，當時我對電視台提出企劃案的時候，老實說反應有點冷淡。

電視台問我：「節目細節是什麼？」我說：「找藝人來回答小學的入學考題。」大家一頭霧水，心想這哪裡有意思了？如果他們肯說真心話，或許會說這種節目沒有先例。但是節目一開播，收視率立刻衝破百分之三十，更有趣的是各家電視台爭相推出大同小異的猜謎節目，到現在都還這樣搞。只要有人開創先例，模仿起來就易如反掌，但電視台又不是法院，大家何必搶著沿用先例？我不知道做一樣的節目哪裡好玩，但他們應該也不是為了好玩才做節目，而是只要做差不多的節目，就有差不多的收視率。我不打算責怪他們，只這樣終究作繭自縛。

合群即生，離群即死

我深深認為人類是群居生物。看看南洋的海中影像，常有成千上萬的小魚聚在一起，大家一起往左、一起往右，動作整齊劃一。整齊劃一的動作可以逃過獵食者的追捕，跟大家聚在一起就是比單獨行動更安全、更不容易被獵食者逮住。當其他小魚都往左，自己一隻往右落單，被獵食者吃掉的風險就大增，所以小魚們拼命地跟上團隊。

人的行為也是一樣，大家都買流行包，自己也跟著買；有人吸毒被捕，大家一起落井下石；誰成了公眾英雄，大家都來錦上添花。重點是大家怎麼想，其次才是自己喜不喜歡那款包包或那個藝人，或許連自己喜不喜歡都沒辦法納入考量。

有眼光的人看了這景象肯定哈哈大笑，撒網抓這種集體行動的小魚簡直再簡單不過，人類當然是不會被撒網抓走，但應該會被養在網子裡，腦袋空空地被不斷壓榨。

如果你只是討厭這種生活，我沒什麼好說，但如果你想逃離這種生活，我建議你要好好觀察旁人的動靜，當大家都向右轉，你千萬不要往右邊去，要先跳脫團體拉開距離，好好觀察那個團體的狀況，自然會明白自己之前做的事情有多丟臉。

說得更簡單點，就是張大眼睛好好看世界，完全誠實面對自己的感受。

就算旁人都說國王的新衣好漂亮，只要你看到國王光屁股，國王就是光屁股；如果你隱瞞自己的矛盾，說國王的新衣好漂亮，永遠也脫離不了這個團體。

不過我們有沒有必要老實說出自己的感受，大喊「國王光屁股」呢？那又是另外一回事，這種話一說出口就收不回來，就算成為眾矢之的也只能走上這條路。其實這就是我的人生，我也很清楚自己的人生，根本不保證能夠吃得飽飯。走這種人生別說是M型化，餓死街頭都有可能，到時可別找我抱怨。

第十五考

師徒關係

師父與徒弟之間的人際關係，在現代可能已經落伍過時，甚至在北野武年輕的時候就已經名存實亡。他去松鶴家（日本早期漫才門派）拜師只是為了學漫才，因為當時必須拜師才能夠站上漫才的舞台，現在連這個傳統都即將銷聲匿跡。但北野武說了，正因為傳統即將消失，才更該探討師徒關係，師徒關係在求職荒的年代裡才更加發光發熱。

曾經有個好心的漫才老頭，我不太喜歡他的技藝，但是他看來不會罵徒弟，所以我就拜他為師。講難聽點，師父是我出人頭地的踏腳石。

因為我是這種人，所以我接受自己的徒弟也是這種人，第一個來找我拜師的是東（東國原英夫），我知道他對我的表演沒興趣，純粹是想上電視，我還是收他為徒。後來找我拜師的人前仆後繼，像井手らっきょ、ガダルカナル・タカ、グレート義太夫、ダンガン這些人都是。對了，東的本姓是東國原，我簡稱一個東，後來找我拜師的藝人都被我取了怪怪的藝名，東也要我幫他取一個，我說「叫東就好」，他就真的把藝名取為「叫東就好（そのまんま東）」。

我是收了徒弟，也教了些落語跟說書，但是幾乎沒有教他們漫才，真的沒有。徒弟要我看他們的漫才梗，我會幫忙看，說說好笑或不好笑，但是不會說該怎麼改。我不想做出自己的複製人，當今社會不可能靠抄襲出人頭地，所以我收了徒弟，然後告訴他們自己去想怎麼出人頭地。

我這個師父都教些什麼？大概就是禮數，我教禮數嚴格得很，比方說我在跟別人說話，那麼跟我說話的人都是你們的師父，如果碰到比我年長的人，態度要比對我更加恭敬。就因為我的徒弟都只想上電視，不好好管教一下會搞不清楚狀況，以為師父曝光率很高，那麼曝光率不高的都是廢柴，這我絕對饒不了。跟工作人員的關係也是一樣，電視和電影圈有所謂的ＡＤ（場務），他們是影視現場最基層的勞工，老是被人使喚辱罵，藝人也經常看扁場務，但我不接受這種態度。我老是吩咐徒弟看到場務要說敬語，姓名後面要加個「桑」，不一定真的要跟人家混熟，但絕對不能對陌生的場務頤指氣使。

師父當然可以是徒弟出人頭地的踏腳石，每個徒弟都會想怎麼利用這塊踏腳石，有人踏得平步青雲，有人踏得歪七扭八，還有人踏到跌倒，說句難聽的，這都是人之常情。只是要踏我這塊踏腳石，就必須遵守我唯一的規矩，也就是禮數。

我想每個圈子都一樣，總有個不能逾越的規矩，搞笑圈更是如此。外界看搞笑圈總以為不需要規矩，可以為所欲為，但其實為所欲為就不能搞笑。足球有意思，是因為規定不能用手，在這樣的限制之下還能隨心所欲的控球，正是足球的精妙之處。搞笑也是一樣，如果百無禁忌反而不好笑，要先有個規矩，在規矩之下能夠多自由才是笑點。所以我教導徒弟的態度是務必要守禮數，其他隨便怎麼幹都行。

現代社會類別愈來愈繁瑣，成功無望

現代社會的類別真是愈來愈繁瑣，分裂成許多小世界，所以拿漫才來說，我那個年代是最美好的年代。

比我早一點的漫才師要上全國性的電視節目表演，內容其實相當有限，畢竟全國觀眾都懂的梗並不多，大概就是相撲、棒球、家庭、婚姻、夫妻吵架之類的。

到了我這個團塊世代（二戰後人口高度成長的一代），幾乎所有日本人都唸到高中，大家都聽過佛萊明右手定律，學校梗跟老師梗都能講，話題一口氣增加不少，之前根本沒人想像過這些話題可以拿來說漫才。

這有點像國王的新衣，大家都知道哪些梗最震撼人心，卻沒有人敢說出口，比方說現代人罵老人家臉不紅氣不喘，但以前可是沒人敢罵老人，所以開罵之後立刻紅遍全國男女老幼。

後來是一個繁瑣的年代，年輕人愈來愈沉迷特定領域，興趣愈來愈分歧，共同點也就更少。現在甚至是高中生的梗沒辦法用在國中生身上，愈來愈沒有老少通吃的好梗。

時代變了，變得很多，但也可以說是回到比我更早的那個年代，所以現在這群負責搞笑的年輕藝人會很辛苦。不過有了嚴格的限制規範，或許能夠激發出新的笑點就是了。

話說回來，我經歷的那個年代已經是空前絕後，那是個造英雄的年代，長嶋茂雄跟美空雲雀都是在那個年代才會那麼紅，如果他們不在那個年代就只是普通人。這倒不是說長嶋先生跟雲雀女士都是普通人，而是說他們屬於時代的一部份。我沒有臉皮厚到拿自己跟他們比，但是回顧自己的人生，不得不感嘆時代真的很神奇。

我只清楚一件事，世界上沒有任何人是靠計畫成為英雄，而是在時代潮流中載浮載沉，不知不覺才成為英雄。你問我怎麼成為北野武？我真的沒辦法回答，只知道抄襲沒辦法成功，師父對徒弟的用途就是個範本，告訴徒弟照這麼做不會再成功第二次。

在傳統工藝與表演的圈子裡，大家都是把一件事情傳承千古，所以開頭還可以模仿一下師父，但是現代的搞笑圈不斷消費新笑點，這個方法根本派不上用場。更別說電視節目已經賺不到收視率，每天都在苟延殘喘，根本沒餘力栽培年輕人。而且不僅是現在的搞笑圈，幾乎所有職業都陷入相同的困境。

當大街小巷都是電子新貴，就已經不是當電子新貴的時機，現在開始讓孩子學高爾夫球，長大也不會變成老虎伍茲。

美夢沒意義，要教小孩生存的禮數

上一代的父母經歷過窮到沒飯吃的年代，所以教導自己的孩子們不要做白日夢，要努力工作；現代的父母則教小孩要有遠大的夢想，有夢最美，美夢成真。這些父母應該是生活豐饒，不甘平凡，但我覺得他們真是搞錯時代。

窮到沒飯吃的年代，才是真正有機會一飛沖天的年代，就好像戰國時代的下剋上（推翻諸侯），窮苦人在動盪的社會裡才有機會翻身。現在的日本物產豐饒，就像德川時代，社會組織固若金湯，在這種時候別想當什麼織田信長或豐臣秀吉（被德川推翻的前幕府），搞革命只會被當成亂黨彌平。

說到德川時代，或許當時某些父母還記得之前的戰國年代，會叫小孩效法豐臣秀吉，現代的父母也差不多，感嘆年輕人都沒有遠大的夢想，但實際上不是沒有夢想，是看不到夢想。我年輕的時候總想開保時捷，當時我爸媽那一輩連輛破中古車都很難買到手，所以我不相信自己會有這麼一天，卻還是每天做這個夢。

現代的年輕人看到法拉利從旁邊經過也不理不睬，只知道去排熱門拉麵店，卻打死都不敢說自己哪天會喝最高級的 Romanée-conti 葡萄酒。只知道去搶什麼優衣庫，卻對名牌服飾沒什麼興趣。

因為他們非常了解社會已經僵化，自己根本不可能翻身，這件事情沒有好壞，純粹是現代年輕人故步自封，認為那個世界跟自己無緣，甚至根本不存在。社會分類繁瑣確實會造成這樣的結果，大家不一定是阿宅，但只活在自己的小世界裡，不想去看其他人的世界。

這也是一種防衛反應，人們欺騙自己沒有那個世界，但現在大家都有很棒的扯後腿工具，叫做網際網路。無論大家崇拜哪個藝人或運動員，還是會上網猛留言痛罵，把自己摸不到的另一個世界罵得一文不值，罵到像是不存在。

這種年代要叫小孩做夢，反而讓小孩無所適從，只養出一大批自我中心的人，充滿沒來由的自尊心。這個年代反而應該教小孩腳踏實地工作，教導禮數比教導做夢更重要。

現代人認為禮數、階級，都是落伍的觀念，像我把徒弟叫做武軍團（たけし軍団），當成搞笑節目的臨演來操，就有人批評我是權威獨裁者，惡劣地頭蛇。電影裡可以殺上百個臨演，怎麼搞笑圈就不行了？我根本不知道差在哪裡，我教他們的禮數可不是幫我拿包包、遞毛巾。有人找我拜師的時候說早有心理準備，但其實師父收徒弟才要做好心理準備，收徒弟就像多了個不是親生的小孩，要知道這傢伙出事了得自己負責扛起來，才敢收這個徒弟。

我教徒弟禮數，是因為禮數是在社會上討生活的基礎工具，社會是由人類所構成，無論哪一行都受到人際關係影響，無論做什麼工作，都像是在固若金湯的社會堡壘上找石縫，把手指插進去一點一滴往上爬。我沒辦法教導徒弟該爬哪一條路線，至少要教會怎麼把手指插進石縫裡。

真的為了孩子好，就別叫孩子做什麼春秋大夢，快教他們在社會上求生的禮數，除非你想把小孩變成一事無成、只會在網路上發酸文的魯蛇。

第十六考

我的畫不賣

二〇一〇年春季的巴黎藝術節是北野武的天下。三月九日，法國文化部長密特朗親自頒發最高等級的藝術文化獎章給北野武，而且從三月十一日起連續三個月，在龐畢度美術館播放他的電影與電視節目。卡地亞現代美術基金會也舉辦了大展，展出他的現代風畫作與雕塑，原本展期預定三個月，一開展就決定再延長三個月，一路展到九月。原因很簡單，高朋滿座。北野武甚至跟法國記者共同出版自傳，他究竟有什麼特色這麼吸引法國人？

只要能吃飽飯，藝術家這門生意其實還不錯，不需要出名也沒差。當然完全不出名也不太好，但是只要能賺到材料錢跟基本生活費，應該是天底下最好的行業了。老實說，有些藝術家在活著的時候完全不受歡迎，例如梵谷，但我想梵谷至少在畫圖的時候也覺得幸福……應該是吧？他應該邊畫圖邊哼歌，畫得很開心才對。

因為我就是這種人，所以會這麼想。等等，我不是把自己比作梵谷，我只是剛好也在畫圖，但從各種層面來說跟他都沒什麼好比。我的畫根本連拿去評論好壞的水準都沒有，就是一個爛字，我這種畫得一手爛圖的人怎麼會懂梵谷的心境？想必是因為我跟梵谷一樣，都不是為了賺錢才畫圖。梵谷活著的時候根本不受歡迎，所以賺不到錢，我則是很明白自己的畫作根本不配拿去賣。確實有些重口味的人說要出一千萬日圓買我的畫，但無論喊多少價，我就是不賣，這不是在擺架子，而是認為我一賣畫就會完蛋。我不想自取其辱，聽人笑說：「這種畫也要賣一千萬？」

所以我絕對不賣自己的畫，賣是不賣，但對自己的畫也沒什麼執著，所以常常拿去送人。我不管畫得好不好，也不管自己喜不喜歡，只要有人喜歡我的畫並願意收下就好。既然我沒賣錢，再爛也不關別人屁事。

我並不是為了賣錢才畫畫，而是自己喜歡才畫，一個不注意還會畫到走火入魔，心醉神迷，因為畫圖這件事就是我的樂趣。所以怎麼說呢？我覺得能靠畫圖吃飯真的很幸福，但以我這個水準，一把畫拿去賣，就沒辦法畫得入迷，賣了一千萬就得扛起價值一千萬的罪孽，扛著罪孽畫圖一點都不好玩。就是因為我沒辦法靠藝術賺錢，才會覺得靠藝術賺錢很幸福。

世界真奇妙，竟然有人要拿我的作品開美術展，那就是巴黎卡地亞現代美術基金會的執行長艾爾貝・山德斯（Hervé Chandès），二〇一〇年三月，在巴黎開展；他說我愛展什麼就展什麼，所以我不只畫圖，還做了一大堆莫名其妙的雕塑給他展。我創作的方法跟想搞笑梗一樣，比方說擺出一排電風扇，每台轉速不一樣，加個小牌子說是尼斯微風什麼的。這種東西在日本展，會被人家笑說乾脆拿去淺草花屋敷（東京下城的休閒樂園）擺攤，沒想到在法國大受歡迎，原訂三個月的展期延長到半年。

不得不說我很佩服卡地亞基金會的工作人員，他們把我的作品編輯成海報跟手冊，那才是完美的美術作品。

他們把花屋敷的低俗展品，包裝成了不折不扣的現代藝術。

被群眾吞噬的人，就無法吸引目光

我當初學畫圖只是為了打發時間，不知不覺竟然開了展，連我拍的電影也在歐洲受到好評，這想起來真是莫名其妙。

拿大自然的蟻窩、蜂窩來說吧，螞蟻和蜜蜂築窩的時候並沒有想什麼，但做出來就像個藝術品。我的畫應該就像蟻窩或蜂窩，並不是為了給人看而畫，也不是為了創作而畫，單純想畫就畫。

如果想靠畫圖攢幾個錢，應該不會有今天這個局面，是說想靠畫圖賺錢就沒辦法打發時間，我也不會想學畫圖了。這先不提，我說的是如果螞蟻跟蜜蜂築窩是為了賣給人類，蟻窩跟蜂窩就會變得迂腐無趣。

簡單來說就是兩個字，迎合。

賣畫過活並不是什麼壞事，但裡面有個陷阱叫做迎合，我認為真正的藝術家不會掉入這個陷阱，他們會把贊助的金主耍得團團轉，過著優渥的生活，做自己想做的創作。如果沒碰到識貨的金主，也可以像梵谷、莫迪里安尼（Amedeo Clemente Modigliani，義大利藝術家）那樣過得兩袖清風，依然堅持自己的路。

不過現代人要過這種生活真的很困難，迎合的意思就是要討別人喜歡，不能管自己怎麼想，要管別人怎麼想，邊創作邊想著別人怎麼看，但我們根本無法得知別人的想法。

不僅是藝術，服裝也好、電視節目也好，所有行業都往這個方向走去，搞得世界上充滿了無聊的東西，甚至連選舉公報都逃不出這個潮流。

你說別當群眾都很笨，但我覺得迎合群眾更可怕，我不清楚群眾是笨還是聰明，只知道無論是藝術家、藝人還是政客，一迎合群眾就會被群眾拋棄。被群眾吞噬的人，就無法吸引目光。

有些小朋友畫出不錯的圖，先不管技巧好不好，創意就是出人意表，到這裡還沒什麼不對，但是當大人們爭先恐後地捧那幅畫，就會害慘了小朋友，害小朋友學會迎合，小朋友一開始迎合大人，畫就不好看了。

企業削價競爭跟政客狂推牛肉，出發點都一樣在迎合社會，不會創造出任何新東西，終點也只有毀滅。我才不管有幾家公司被削價競爭搞垮，但是政客狂撒錢會拖累全國，還是少撒為妙。是說我沒有要討論政治，這件事情就點到為止。

問題是怎麼活，才不必迎合社會？

我想只能硬撐了。

賣得掉會開心，賣不掉就滾蛋

畫圖這件事我沒有什麼好硬撐的，就算不賣畫我也不愁吃穿，所以我只為了自己畫圖；但這也沒什麼好炫耀，仔細想想，我從踏入演藝圈開始就一直在硬撐，從來沒有為了走紅而迎合群眾。這不是我的功勞，而是我媽的功勞，她從小就教我逢迎拍馬不如去死。

當我還是個完全不紅的藝人，真的是連睡覺都在想漫才梗，但那時我也不會做自己不想做的事，不管誰對我說啥，我只做自己認為有趣的事。

當然，我也愛錢，有錢可以買好車、吃好料、把好妹，怎可能不愛？

其實我之所以會去搞漫才，也是因為看到W Kenji（Wけんじ，早期漫才搭檔）師父開著進口車離開劇場，心想那種水準的漫才（至少我當時是這麼想）都可以開進口車，那我去搞漫才一定能開更好的車。我打著如意算盤組搭檔站上舞台，但口條不好，人氣遠比想像中要低。

總之我不是真的想搞漫才，只是想要錢才搞，但也沒有為了錢就去迎合觀眾，應該說想迎合也辦不到，這是我媽長年教育下來的成果，我沒辦法做沒格調的事情。

或許會有人笑我，北野武這麼沒格調的人還敢談格調？北野武的梗不都是下流低級梗？我倒認為這種下流不礙事，再下流都不痛不癢，但是逢迎拍馬的下流我就是辦不到，那對我來說簡直是不入流。

我的漫才要是不受歡迎，隨時都可以收山，就算窮到餓死街頭也不會有一句怨言；因為我覺得去淺草當藝人，要餓死街頭才有藝人的格調，但這或許是我個人的偏見吧。

我要為所欲為，不逢迎拍馬，這樣能紅也好，不紅也罷，不需要耍帥擺酷，自然而然就是我的人生。就算我開始拍電影也沒改過這念頭，觀眾說我的電影難看沒關係，別看就好。

這或許也算硬撐吧。

但是不硬撐又不迎合群眾，真的很難活下去。

我不打算鼓勵硬撐的人生，只是這種人真的愈來愈少見，以前大家都窮，確實只能打腫臉充胖子；聽說歐美在經濟大恐慌的時候比較多人吃素，他們說自己不是沒錢吃肉，而是原本就吃素，看來「武士沒飯吃也要嚼牙籤裝飽」並非日本的專利。

或許日本人生活富足之後，就忘記要硬撐了。愈來愈多事物可以失去，也就愈來愈不知道忍耐，更不覺得逢迎拍馬過日子很丟臉，嘴上還說不逢迎拍馬就活不下去。

每個人對可恥的定義不同，既然不覺得迎合可恥，就盡量迎合去吧。

社會上愈多人逢迎拍馬，我硬撐就更有價值，就好像愈來愈多人尊稱我藝術家、大師，可是實際上，我只是隨心所欲亂搞一通罷了。

第十七考

爆炸前一晚

北野武第十五部執導電影《極惡非道》（Outrage）受邀為坎城國際影展開幕片，他已經很久沒拍動作片，本片中充滿他經心打造的暴力鏡頭，評價也相當兩極……本節要討論的就是暴力。二戰結束六十五年，日本歌舞昇平，最近民眾只要聽說老師敲學生的頭就會痛罵暴力老師，但重刑犯有因此減少嗎？也沒有，社會氛圍反而更加動盪。北野武認為看看那群排隊搶iPad的傢伙，就知道遲早會發生嚴重暴動。他究竟有什麼用意？

《極惡非道》是我拍的第十五部電影，想想我也拍了不少，簡直就像全職的電影導演，有人聽我這麼說或許會問：「你現在拍電影還是拍業餘的？」我拍電影可不是隨便拍拍，也自認用心程度不輸全職導演，但我依然不認為自己是個全職導演。我幹過很多事情，而我自認的正職只有電視藝人。

因為我是藝人，所以畫圖，如果我當了全職畫家肯定很辛苦，前面也說過我喜歡畫圖是因為不賣畫，一旦開始賣畫，我畫的圖就沒意思，我也會變得很無趣。

當電影導演也一樣，因為我是電視藝人，所以能面不改色地拍自己喜歡的電影，不是正職，所以能拍著玩，這是我贏過全職導演的優勢。話說拍電影很花錢，不管是不是全職導演，都要有一定的票房收入才能繼續拍下去，想亂搞也是有它的極限。最近我老是拍些艱澀的電影，確實煩惱過該拍些普通觀眾想看的電影了。

如果我是全職的電影導演，電影賣不好會受重傷，搞不好還會放棄導演之路，但實際上我完全不擔心，因為我基本上還是個藝人。

藝人可不是光憑本事來拼人氣，大家都知道，就算完全沒技藝也可以在演藝圈裡當個藝人，反正是給觀眾看著玩的，什麼人都有機會。

甚至有藝人是以白癡當賣點，我剛好就在白癡圈卡了個不錯的位置。或許專家會分析北野武為什麼走紅，我說是時勢造英雄，當電視台說我不受歡迎該滾蛋了，我就該滾蛋，而且心平氣和。藝人是靠時代吃飯的奸商，紅不紅跟我的本質無關，就算被炒魷魚了也不會心痛。

就因為我卡了個好位子才能隨便畫圖拍電影，可能有人說我陰險，但人生不是運動比賽，是幹架，幹架的重點是輸贏成果，陰險是打贏的訣竅，而我的鐵則是不打不會贏的架。

人們逐漸感受不到暴力的真實痛楚

我看了浪子回頭的故事是會感動的，但前提是浪子必須曾經被修理到體無完膚。

如果浪子突然洗心革面，搞起什麼運動，隨便練習個兩、三下就打贏比賽，這我早就看膩了。那些努力練習的人看了做何感想？如果這麼輕鬆就能打贏，大家哪還要練得汗流浹背？

這種虛偽的故事一點意思都沒有，全都是假的，但現在就真的不斷量產這種童話套路，我倒是覺得故事要更寫實才有娛樂性。

當然，今天要虛擬一套劇本，我不會說裡面得全是事實，只是說虛擬不要搞回鍋。

可是現在的電影劇本簡直是回鍋到不行，不斷重複延伸某人的虛擬世界，不知不覺連虛擬都成了事實。

幹架戲就是其中之一，人真的打起來可不像打拳擊，才不會花那麼長的時間你一拳我一腳，通常一、兩招就搞定了。或許以前有哪個誰覺得這樣很無聊，才想出這種打來打去的橋段，我認為第一個創始者很了不起，但後來所有導演都不斷抄襲這種謊言，再加上現在根本沒人幹架，結果這就成了真的幹架戲。

我從小看著人家幹架長大，看這種幹架戲真覺得有夠假，真正的幹架更乾脆也更無情，兩個漢子扭在一起，突然其中一個肚子上被捅了一刀，跪倒在地一命歸西。人命真脆弱，光是用石塊敲個後腦杓也能打死人。

正常人都知道這樣的情況沒辦法拍成動作片，打鬥場面要漂亮才能吸引觀眾，電影要是不賣就慘了，所以大家不斷回鍋老套。

我也不希望自己的電影賣不好，但我更痛恨回鍋老套，無論電影拍得多成功，要是抄襲了誰，那我何必去拍？所以我拍幹架戲就是憑自己的感覺去幹架，以現代的趨勢來看其實很平淡，但那股真實感反而很恐怖。

我的電影主角如果被揍成豬頭，不會因為緊握著女主角送的護身符就站得起來。被槍打中就死，看不開就自殺，很平淡，也很真實。別說電影主角，你跟我都一樣會死，現實中沒有幸福快樂的結局，那是做夢。哪有人摔了飛機、被機槍掃射，最後還能跟女朋友手牽手站在小山丘上？蠢爆了，我不會拍這種電影。

老實說我真的想不到世界這麼喜歡我的電影，我只是覺得天底下一定有幾個人跟我有相同看法，有這些人看我的電影就夠了，畢竟我是個藝人，拍電影虧錢還是不愁吃穿。

但我的電影得到影展大獎、藝術文化獎章，甚至在歐洲各國出現粉絲俱樂部，或許正是因為現在的電影太老套，才會有那麼多人跟我一樣看到膩了。

我本來就不主流，話說現在的熱門電影真的破綻百出，大家看了情節就變得像漫才師一樣猛吐槽，更別提最近還有電腦動畫，電影擺脫了現實的限制，飛天遁地都不成問題。

有人認為看電影看的並不是事實，只是想花兩個小時擺脫現實，神遊奇幻世界，這也沒什麼不好，但是我真的認為製作電影的人耍那些小手段很丟臉，只是沒有當面對著他們說而已。

排隊吃拉麵的日本人，真的是和平主義者？

話說回來，任何文化都有它的潮流，我看了現代年輕人的文化，忍不住想為什麼會變成這樣。

現在排隊成了一種顯學，搶便宜成了文化的一部份，連電影都是廉價低俗的比較賣座，不是因為內容好看，而是因為大家想看才跟著看，大家想買就跟著買。這又不是某國的大會操（諷刺北韓），好像大家覺得集體行動有快感一樣。

湊熱鬧的種類有很多，但共同點就是慢慢無法保有自己的感受，無法用自己的腦袋想事情。最近日本很流行考漢字的猜謎節目，我不知道為什麼要考這種查字典就有答案的問題，或許就是因為不必動腦才受歡迎，真想吐槽那些參賽者，你們讀到什麼東大、京大就只為了學漢字嗎？算了，沒差。

一旦民主社會的民眾不再動腦思考，會發生什麼事？歷史課本上多得是答案。

有件事情我覺得很有意思，這次日本政黨輪替由民主黨執政，不就是一種不思考的體現？話說在前頭，我不是說不思考的人才把票投給民主黨，而是說政黨輪替是日本人發洩怒氣的表徵，選舉當然不等於革命，但看在我眼裡，人民確實把選舉當成革命。

說得誇張一點，群眾潛意識裡的怒火已經悶得像即將爆發的火山。

一群不動腦思考的人，稍微受到刺激就會抓狂，因為他們無法自己決定往左往右，只能看著別人怎麼走來決定。

現在的日本真的就是這樣，所有人都想走同一個方向，大家都說經濟不景氣，但是 iPad 這種熱門產品卻是大家搶著買，搶著排隊去買，而且不僅是年輕人這樣，還有一把年紀的老頭淚眼汪汪地對著鏡頭說：「我排三天三夜總算買到了！」現在連老頭都跟著年輕人一起行動，就好像婆婆媽媽跟著小女生一起搶名牌拍賣，這事情可大條了。

看著數以萬計的年輕人去聽 Rap 還是 Hip-Hop 的狗屁三流抄襲樂團演唱會，或者排隊排一、兩天就只為了買便宜貨，簡直就像在預習大爆炸。

岩漿已經滿了，只是還沒找到噴發的機會，當失業人口愈來愈多，大家忍無可忍，只要一點小事情就會引發大爆炸。

更別提現在愈來愈多莫名其妙的犯罪，比方說突然開著卡車衝進人群裡，或是虐待行動不便的病患。一旦發生暴動可能就難以收拾，大家會開始懷念以前胼手胝足打拼的年代，我的暴力電影搞不好還只能算愛情動作片呢。

第十八考

眼睛看不見的

七五三（日本兒童節日）要去神社拜拜，婚禮辦在基督教堂，喪禮辦在佛教寺院，聽說全世界只有日本人會這樣搞，對，就是說這樣不好。話說就算沒有特定宗教信仰，也可以尊敬眼睛看不見的東西，過謙遜的生活。這就是本節的思考主題，不知道北野武的精神層面是怎麼回事呢？

我每天早晚拜佛壇（放置神主牌的木箱）。

聽我這麼說可能會有人大吃一驚，畢竟現代人不太幹這種事，甚至有小朋友連佛壇是什麼都不知道，搞不好還有人以為我誤信邪教。

以前的日本人（其實也沒有多以前）每天早晚都會準備水或貢品來祭佛壇，我小時候放學回家，我媽老是叫我去給祖先上柱香。人家送禮物來，或是學校發了成績單，都要先送上佛壇拜過，去人家家裡作客，禮貌上要先給人家的祖先上柱香。以前的日本人就是透過佛壇與死者共處。

人類學家看到日本人這樣過活，可能會說是一種宗教形態，什麼祖先崇拜還是圖騰學的，但日本人拜佛壇不太算宗教，比較像一種生活習慣。

清明節祭祖，親友忌日要掃墓，新年去神社參拜，日本人就這麼過活。

我也不會說這完全不是宗教，但如果逼問我信不信死者有靈？我還真難回答，畢竟這不像基督教或伊斯蘭教只分信跟不信。

比方說我年輕的時候，淺草的藝人經過淺草寺門前一定會暫時停下腳步，對著本堂合十參拜。

我不知道現在的藝人還會不會這麼做，應該不會，年輕人這麼做會被朋友看成怪胎。

但這不代表以前的淺草藝人比現在更虔誠，如果問他們信不信淺草寺觀音真的會顯靈，大家應該面有難色。

我拜佛壇並不是因為相信前世今生、天堂地獄這些東西。

但我也不能完全否認這全都是迷信……

老實說我不知道有沒有前世今生跟天堂地獄，活著的人不可能知道。

這不是一個可以回答的問題。

就像你問我信不信神一樣。

信不信是信仰問題，如果信仰有合理的答案，全世界的宗教對立問題早就解決了。

日本人聰明的地方，就是不去回答這種不能回答的問題。

以前有人說日本人的心態好怪，新年去神社拜拜，死了去寺院治喪，結婚去基督教堂，真是難以置信。

或許以歐美的定義來說確實很奇怪。

但是在這個全球化的網路年代裡，日本這種搖擺不定的宗教觀反而比較實際、比較成熟不是嗎？

太過相信自己的神，反而會走火入魔，惹火上身。

江戶時代末期，來到日本的西洋人說日本人相信八百萬諸神（萬物皆有神）太野蠻，要是跟他們一樣信基督教，文化會更先進。

但是以我這個現代人的眼光來看，反而認為歐洲跟中東的人如果不信一神教而改信多神教，世界應該會更加和平。

當然有人認為不管一神教或多神教，宗教都是騙人的把戲，人根本沒有靈魂，世界上沒有神明也沒有前世今生，人死了就是回歸虛無。這麼想的人應該不少，甚至可以說除了信仰堅定的人之外，現代人心裡多少都覺得這才是真理。

科學日新月異，神明的世界離人間愈來愈遠，以前人相信雲上有天堂，現在我們知道一百三十七億光年之內都沒有這玩意兒，但不是所有人的心靈都堅強到可以靠無神論過活。比方說至親好友離開的時候怎麼說服自己看破？怎麼接受最親愛的人過世？又該怎麼撐過那股失落感？

每個人想法不同，我個人認為這種時候需要一點緩衝，光說人死了會回歸虛無實在很難撐過這關。

自從我媽過世，我才開始每天早晚拜佛壇。

我家佛壇供著八個人

我家佛壇不只供著我媽，還有很多人。

除了我爸、我奶奶，還有我在淺草表演時的師傅、黑澤明導演、淀川長治先生（日本影評家）、鈴木莊能子女士（日本烹飪家，美白女王），總共八個人，他們對我來說都很重要。

供在佛壇裡的家人有神主牌，其他人倒是沒有，可能是照片、書信、遺物，讓我緬懷這些人。

每天早晚給佛壇換水，合十參拜，現在住的大樓通風不像以前平房那樣好，喉嚨又不太健康，所以沒有上香，但就算當天喝得爛醉回家，我還是會記得換水參拜。

有時候喝得爛醉，一上床突然想起好像還沒給佛壇換水，就會輾轉難眠，不得不起床換個水。

不只換水，我還會跟這八個人說說話。

「媽，謝謝，我今天喝多了點，對不起。黑澤導演有保佑，今天拍攝也很順利，我還是一樣急性子，拍片有點偷工減料，明天不會隨便說ＯＫ了……」

我會報告，或者說反省每天的生活。

對誰反省呢？

是對黑澤導演？還是對我自己？

不完全是對黑澤導演，也不完全是對我自己。

這種事情沒辦法定出個百分比，時時刻刻的比例都不同，唯一確定的，就是兩者都有。

我就這麼跟他們一起過著、活著，並體認到我再也不會見到他們。

我覺得這沒什麼不好。

不對，應該說就是因為人們忘記了這種感受，現在社會氣氛才會這麼肅殺。

世界並不全由眼睛能看見的東西所組成，當下我能在這裡，也是源自於千古以來不斷的生死循環。

我不知道他們是不是在九泉之下看著我，這到我死為止都不會有答案。
不知道也好，既然死了之後才知道，我自然期待死亡。
我只是不想忘記對他們的感謝。
我不認為我們曾經有過的緣份也跟著他們死了而斷了。
所以我拜佛壇，即使每天只有短暫片刻，還是能想起他們。
這是我的珍貴時光。

日本人一定會看的終極電影劇本

現代年輕人聽我這麼講肯定會覺得不舒服，誰想跟死人一起過日子，每天早晚還拜一下？

但這只是觀點不同。

我倒覺得現代年輕人活在一個比以前更不舒服的牢籠裡。

比方說網路吧。

正常人覺得網際網路是自由的翅膀，可以突破時空限制存取全世界的資訊。

現在無論住在什麼荒郊野嶺，只要能連上網路，彈指之間就知道東京哪家拉麵店最紅，百老匯哪齣音樂劇最熱門。

但是什麼事情都事先搞清楚，真的比較好嗎？

現代人不管要看電影還是買書，都要先上網查查排行榜跟評價，甚至有人去電影院售票口買票，會先問售票員這部電影有沒有感動，或許以後的人連交個女朋友都得先上網查查評價。

這可不是在說笑。

我想當一個人相信網路多過自己的親身體驗，肯定會走到這個地步，就好像開始用汽車導航之後就不認得路。

現在的手機跟網路成了基礎建設，重要性跟水電差不多，不對，對年輕人來說肯定比水電還重要。

年輕人成天都掛在網路上過活，我看他們就像被鐵鍊拴在一起，但他們自己不認為。

他們好像一離開網路就會坐立難安，因為他們認為全世界都塞在網際網路這個小盒子裡。

年輕人拼命往盒子裡鑽，想理解這個小世界，但終究只是活在盒子裡。

這就是一種牲畜。

當然這也不是現在才發生的事情。

人類從以前開始就是種牲畜。

只是以前比較屬於放山的牲畜，應該有些不聽話的狂牛，或者跳出柵欄逃進森林的山羊。

現在每頭牲畜全都被關得好好，畜舍乾淨舒適，飼料豐富美味，沒有一隻牛會想逃出這個地方。

開車衝進秋葉原行人天堂的小子，就只是因為在網路討論區之類的地方被排擠、批評，便覺得無家可歸而犯下大罪（二〇〇八年六月八日，加藤智大開車衝入人行步道並揮刀殺人）。

哪裡無家可歸？就物理學來說人四海都可以為家，網路只是個虛擬空間罷了。

一群只知道網路世界的人，也就只會在網路上油嘴滑舌，互相傷害。引發秋葉原慘案的小子，還有逼那小子幹這種事的人，根本沒發現自己是一群在籬笆裡吵架的雞，最後總是籬笆外面的飼主搜刮了所有好處。當你問在牧場睡午覺的牛，牛願意當家畜嗎？還不快跳出柵欄？牛只會給你白眼，說生活過得幸福就好，而你也無話可說。

與其做這種無謂的掙扎，我決定想出一部電影，肯定全日本的年輕人都會來看。

就拍惡鬼出籠的電影吧。什麼？現在連小學生都不看這個？我拍的可不是假鬼，而是真鬼出籠。

就拍個類似記錄片的電影，奈良縣深山的某個小村子裡，村民接二連三慘死，當地警察拍下影片發現有正港惡鬼……我看全日本人都會想看這部電影。

當然，鏡頭前應該不會真的拍到鬼，但這可以蒙混過去，之後只要假造一個小警察部落格，一個假的當地新聞網站，一則假的連續殺人案報導就好。那些窩在網路小盒子裡的年輕人肯定三兩下就上當。

怎樣，很棒的點子吧？

什麼？這種片老梗了喔？

最終考

臭老頭和臭老太婆

為什麼北野武年紀一大把，還得過法國最高等級的藝術文化獎章，還是每天講粗話？為什麼北野武自己都老了，還是口不擇言地說老人家是臭老頭或臭老太婆？原來，這其中隱含著深思熟慮，東京下城孩子特有的靦腆，以及溫暖的柔情……

曾經有人問我為什麼要欺負老人家？我當然沒有欺負老人家，只是以前搞漫才老把臭老頭跟臭老太婆掛在嘴邊，人家以為我在欺負人。

我這麼回答他。

「因為民眾太常講：家有一老如有一寶。造成的結果適得其反。」

以前的人不會特地說要善待老人家，但是大家都明白怎麼跟老人家相處，大家也都做得到，老人家上了車，年輕人二話不說就是讓位。

就連我小時候那樣的下城壞小孩，成天把老頭老太婆掛在嘴邊，也一樣尊重老人家。如果有老人家上車，年輕人還傻傻地坐著，一定會有哪個阿伯上前大罵，就算年輕人坐的不是博愛座也一樣。

以前就是這樣的年代，現代人則千萬不能叫老人家老頭或老太婆，說是要善待老人家，但我受到這樣的限制反而覺得不舒服，就好像把老人家當可憐人來看。

就是整天說要善待，才反而疏離了老人家，只要尊稱一聲老人家，立刻就把對方趕到老人家的位置去，像是博愛座。

我是這樣想，哪需要什麼博愛座？年輕人看到老人家站著本來就該讓位呀。

不過現在這種心態已經消失，只要不是坐在博愛座上，就算看到老人家站在眼前也不必讓位，搞不好有年輕人看到老人家坐的不是博愛座，還過去擺個臉色，叫老人家快去坐博愛座。這一切都是因為推出了博愛座的關係。

日本人的拿手好戲，就是把髒東西換成不痛不癢的場面話，然後視若無睹。什麼老人家、博愛座，淨說些噁心巴拉的屁話，實際上就是把老人家趕去社會的角落。就像嘴巴上說是為老人家好，然後全扔進安養院，我說真是沒天理了。

活到這把年紀也沒幾個人可以讓我喊老人家，甚至都該讓人喊老了，但我一點都不想被稱呼老人家，叫我臭老頭還好一點。

體貼並不是壞事，但大家怎麼都沒發現，用語言和文字去體貼別人是件蠢事？

媒體和電視最常幹這種事，比方說「危險行為，好孩子請勿模仿」這句標語，我想問，是不是壞孩子就可以模仿？這先不提，觀眾在看電視的時候應該自行判斷模仿了有沒有危險，而無法判斷的人，怎麼可能看到標語就聽話不模仿？

還有一個標語是「本活動由善心捐款贊助舉辦，並無浪費」，如果錢不能浪費，乾脆連馬拉松也別辦了。

當然也要禁止民眾去健身房踩腳踏車減肥，因為少吃就不會胖，更別提全世界有那麼多人餓著肚子，你們少吃一點去捐給飢民，什麼都不用做也會瘦。

想吃就吃，吃了就胖，胖了又刻意上健身房揮汗甩肉，怎麼沒有人罵這種浪費至極的舉動？

照道理來說應該有人罵。

前提是浪費行為不道德。

而這裡最滑稽的地方，就是包含電視在內的整個人類文化，都是個巨大的浪費。

在最浪費的電視節目上高喊自己沒有浪費，沒有比這更可笑的藉口。

街友兩個字最沒有愛

電視台之所以貼出一堆狗屁標語，是因為過度重視觀眾的抱怨，民營電視台還有贊助商要顧，又特別脆弱。

如果看電視節目哪裡不順眼，打電話罵贊助商就好。

「竟然出錢拍這種節目？我不買你們家的東西了！」

八成的贊助商聽了都會投降。

觀眾當然有權打電話抱怨節目，哪裡看不順眼就盡量罵，抱怨多了肯定會把節目變得很無聊；把所有影響教育、鼓勵歧視、煽動慾望，對社會有不良影響的節目全都砍光，日本一定會變成完美的天堂。

為了降低被罵的風險，禁播詞也是個自保之道，如果某個詞會讓壓力團體（愛找麻煩的團體）或民運人士抓到把柄，乾脆事先禁掉。但應該沒人相信只要禁掉歧視字眼，世界就沒有歧視了吧？

就算大家不再說乞丐兩個字，乞丐的生活也沒有比較好過，日本多年前把乞丐改稱為街友，難道社會有什麼改變嗎？

只是不喊乞丐改喊街友而已，街友就是流浪漢，我不知道為什麼能喊流浪漢但不能喊乞丐，就連街友兩個字在我聽來都很刺耳。

或許這是我的個人觀點，我認為乞丐兩個字比較有愛，是窮人能給窮人的最後一點愛，或許這愛很少，頂多看到橫死街頭的人會幫忙收屍入土罷了。

我經常在電視上看到壞小孩只為了尋開心就打死街友，或許就是因為不再稱呼他們乞丐的關係。

護士、空姐、保姆，現在也都出現爭議，以前我們只說護士，現在得說「女護士」，空姐要說「女空服員」，保姆要說「女保姆」，該說是蠢還是笨呢……

電視台不斷接受民眾抱怨而變得愈來愈沒有主見，一不留神說了自己的意見就會被觀眾罵到臭頭，百害而無一利，乾脆把內容全換成曖昧又抽象的詞。

難怪現在很多白癡主播喜歡說「有如○○」，因為自己缺乏想像力，乾脆丟給觀眾自行想像。

拿以前的搞笑來舉例，藝人會說：「我又不是下雨天的粗工！」讓觀眾很容易想想具體的情境，現在連粗工兩個字都不用，只要說「有如○○」就好。

人家對你說「有如失業」，你會似懂非懂，也不去反駁，但每個人聽了都有不同的感受，而且沒有人發現大家只是自我滿足；不對，或許有發現，只是裝做沒有。說得艱深點，這就是現代人溝通內容貧乏的成因。

以前我在寄席說：「我又不是下雨天的粗工！」觀眾立刻哄堂大笑，光靠「有如○○」絕對激不出這樣的共鳴。

是否重蹈覆轍？

「有如」這種修辭用在新聞評論節目還可以接受，但正規新聞就不夠用，所以新聞台發明了新武器，就是輿論。

比方說網路問卷、街頭訪談，方法不一而足，我看其實就是「有如」

的行動版，不肯說自己的意見，躲在別人的意見後面。

更慘的是這些民眾意見有了莫名其妙的權威，成為「國民心聲」、「民眾觀點」。

當今日本的「國民心聲」等於「天意」，神聖不可違抗，即使一個在新橋酒館喝到爛醉的阿伯胡說八道，都得畢恭畢敬地聽，任何人反駁民眾心聲就會萬劫不復。

在路上訪問民眾心聲聽來沒什麼不好，但去哪裡問哪些人，結果肯定大不相同，假設你今天走在路上被攝影機攔下來，有人問你怎麼看待現在的在野黨，有幾個人可以說得條理分明、頭頭是道？就算有人隨口說了今天早上的報紙標題，我也不意外。可能也有人猜到採訪記者想聽什麼答案，就說了標準答案，想說這樣上電視的機會比較高。

網路問卷可能比較好一點，但還是可以動手腳，重點是新聞無論上街訪談或上網做問卷，都不是為了搞清楚輿論的真相。

街頭訪談只是為了佐證今天的新聞論點，你說我在騙人？那你想想看是先有雞還是先有蛋……不對，是先有新聞還是先播民眾訪談？絕對不會有新聞導播上街閒晃，隨便找人聊聊從裡面挑新聞。首先要有個蔬菜價格暴漲的新聞，然後記者去超市聽取民眾心聲，如果有人對著麥克風說：「我都吃外食，菜貴沒影響。」「高麗菜一顆三百日圓哪裡貴了？」絕對不會被播出來。

如果只是蔬菜價格還沒什麼問題，問題是從政治到經濟的所有新聞都搞這一套，這讓我很頭大，甚至懷疑新聞內容是不是像大阪地檢特搜部檢察官的起訴書，早就寫好等著用（二〇一〇年九月二十一日，大阪地檢特搜部主任檢察官竄改證據企圖包庇犯嫌，十月一日遭到逮捕）。現在無論轉到哪一台，電視新聞的意見都差不多，這股風潮真夠噁心。

我覺得每個人就該有不同的想法，不可能每個人都想得一樣，沒有人提出反對意見才奇怪，但現在能抬頭挺胸唱反調的人真的愈來愈少。現在的日本新聞變得像二戰的日軍大本營公報，有什麼資格嘲笑北韓新聞台？

所以我只好身先士卒，粗話講不停，這麼做算是慈善活動，拿不到分毫的好處，而且別說要拿好處，還會被罵得狗血淋頭。

之前我上某個電視節目，當時熱門新聞是智利礦災，有三十三個男礦工被埋在礦坑裡，我隨口說一句：「搞不好大家都變成 Gay。」結果被罵到臭頭。我認為大家就是歧視同性戀才會罵我，但沒有說出口，因為說了肯定火上加油。以前的人才不會計較這種事情，現在才發現社會真的開不起玩笑了。

重蹈覆轍，這四個字，或許現代年輕人聽不懂吧。

Issue ⑩
超思考

作　者—北野武
譯　者—李漢庭
主　編—李筱婷
美術設計—倪龐德
執行企劃—林倩聿

董事長—趙政岷
出版者—時報文化出版企業股份有限公司
108019台北市和平西路三段二四〇號三樓
發行專線—（〇二）二三〇六六八四二
讀者服務專線—〇八〇〇二三一七〇五
（〇二）二三〇四七一〇三
讀者服務傳真—（〇二）二三〇四六八五八
郵撥—一九三四四七二四時報文化出版公司
信箱—一〇八九九臺北華江橋郵局第九九信箱

時報悅讀網—http://www.readingtimes.com.tw
電子郵箱—history@readingtimes.com.tw
法律顧問—理律法律事務所　陳長文律師、李念祖律師
印　刷—勁達印刷有限公司
初版一刷—二〇一五年八月十四日
初版十刷—二〇二〇年六月二十二日
定價—新台幣三〇〇元

時報文化出版公司成立於一九七五年，
並於一九九九年股票上櫃公開發行，於二〇〇八年脫離中時集團
非屬旺中，以「尊重智慧與創意的文化事業」為信念。

超思考 / 北野武著. -- 初版. -- 臺北市 : 時報文化, 2015.08
248面 ; 14.8X21公分. -- (Issue ; 10)

ISBN 978-957-13-6354-7(平裝)

1. 言論集

078　　　　104014639

ISBN 978-957-13-6354-7
Printed in Taiwan